世界主題之旅
76

泰北 清邁
享受全攻略

附拜城、清萊、金三角、素可泰

作者◎吳靜雯

太雅

作者簡介

吳靜雯

一個愛深度探索世界的牡羊座,喜歡隨地而坐享用道地小吃,也喜歡偶爾上上高級餐館,享受當旅人的奢侈;喜歡窩居青年旅館,打探各方小道消息;也喜歡入住傳奇旅館,驚歎各家旅館的細心雅致。期許自己能將更多元化的世界樂活方式介紹給大家,整理出讓讀者玩得安心又快樂的旅遊書。

靜雯的旅行出版作品有:長據旅遊書暢銷排行榜《Traveller's曼谷泰享受》以及《開始在泰國自助旅行》、《我的青島私旅行》、《個人旅行:越南》、《個人旅行:英國》、《真愛義大利》、《開始在義大利自助旅行》、《開始到義大利買名牌》、《開始到義大利看藝術》、《指指點點玩義大利》、《開始到土耳其自助旅行》等。

清邁自助行程安排
Step by Step

想自助旅行，卻又不知道該從何著手嗎？以下提供10個步驟，讓大家都可輕鬆安排清邁自由行：

1 確定旅遊時間：搜尋旅遊目的地可能需要的天數(清邁至少4天3夜以上會較恰當，P.22)，接著確定自己方便旅行的時間。

2 護照及簽證：確定日期後，若無護照，須先辦理護照，一般需4個工作天；若有護照，需檢查護照的有效期限，至回國前至少要6個月以上有效期。持台灣護照赴泰觀光需辦理簽證，或抵達當地機場或邊境後辦理落地簽證(P.182)。

3 安排行程：確定旅遊時間後，可以先決定進、出地點，以便訂機票。

4 預訂機票：透過背包客棧、Wego、易遊網或Google Flights這類的網站搜尋機票(P.183)。

5 預訂住宿：依行程預訂住宿，若不想被行程綁住，也可只訂第一天抵達的住宿，或者先查詢自己想住哪個區域，抵達後搭車過去再找即可(但水燈節、潑水節這樣的節日最好先預訂)。

6 預訂當地行程、當地電話卡：出國前可透過KKday和Klook這樣的旅遊網站預訂行程及泰國的Sim卡(蝦皮也可購買)，或買國內電信公司推出的跨國Sim卡。

7 了解機場到旅館或市區的交通方式：抵達後如何搭適當的交通工具前往目的地。必要的話，也可先透過網路預訂或請旅館安排接機。

8 換錢及開通提款卡國際提款功能：並非所有匯兌處都可直接以新台幣換泰幣，建議在台灣先換些泰銖，若沒有時間到銀行換錢，也可透過網路換匯，指定在機場櫃檯取錢，或者到機場的外幣ATM提領美金。建議開通提款卡國際提款功能，可直接在當地的提款機提領當地貨幣(P.183)。

9 打包行李：記得帶好最重要的護照、錢、信用卡及金融卡，並事先查詢氣候狀況，了解應帶衣物。

10 了解當地禮儀、禁忌、應注意之陷阱，有時間還可先閱讀或觀看相關小說和電影，玩起來或許會有更深的體驗。

目錄 CONTENTS

 003 清邁自助行程安排Step by Step

 008 印象泰北 Northern Thailand

 012 清邁必玩TOP 5

012 清邁找悠閒　013 Spa按摩泰舒爽
014 文青設計風潮　015 叢林山城大冒險　016 深度體驗清邁文化

 018 快讀清邁

018 數字看清邁　018 清邁小檔案　019 清邁關鍵字
019 顏色看泰國　020 最佳旅遊時節與節慶

 022 行程建議

022 5天4夜清邁經典行程　023 5天4夜老少同遊
024 48小時快閃清邁　025 7天6夜深度旅遊行程

 026 慢味清邁一日5餐

026 早餐&Sunday Brunch　027 午餐　028 晚餐　029 泰式午茶
032 泰北連鎖咖啡館　033 深夜食堂　033 清邁咖哩麵名店

 034 停不了手狂掃清邁好物

034 清邁獨特工藝設計力　035 清邁設計特區　038 款愛自己必買清單
039 小資生活採購首選

 042 Spa按摩好享受

042 泰北按摩特色　042 最推薦的按摩類型　044 精選優質好Spa

 048 超值FUN住宿

048 住哪一區最適合　050 從風格挑選旅館：奢華享受、設計旅館、泰北風格、
親子最適、浪漫優雅、超值旅館　073 其他平價旅館、月租公寓

074 清邁分區輕鬆玩

076 古城區
本區概覽、必遊清單、交通／六大古城門／寺廟建築藝術／熱門景點／
美食情報／購物搜羅

094 塔佩路、觀光夜市、河濱區
本區概覽、必遊清單、交通／熱門景點／美食情報／購物搜羅

106 尼曼路、輝凱路區
本區概覽、必遊清單、交通／熱門景點／美食情報／購物搜羅

120 松達寺、清邁大學、悟孟寺區
本區概覽、必遊清單、交通／熱門景點／美食情報／購物搜羅

128 Special Areas 清邁夜，哪裡去？

130 Special Items　深入體驗清邁慢活

134 近郊行程　　熱血叢林體驗
熱門景點／推薦行程

142 拜城&湄宏順

142 城市簡介、地理位置、交通　146 樂遊拜城：行程安排建議　147 泰愛睏：住宿情報
148 泰正點：熱門景點情報　150 泰好吃&買：美食與購物情報　153 樂遊湄宏順

158 清萊&金三角

158 城市簡介、地理位置、交通　162 樂遊清萊：行程安排建議
163 泰愛睏：住宿情報　164 泰正點：熱門景點情報
167 泰好吃&買：美食與購物情報　170 樂遊金三角：金三角四季、一日象夫課程

174 素可泰

176 如何前往、當地交通　178 泰愛睏：住宿情報　179 泰正點：熱門景點情報

182 泰國實用資訊

182 護照、簽證　183 換匯、機票、機場、出入境手續　187 交通
189 清邁必知禮儀、泰國電信方案

地圖目錄

008 泰國全圖
074 清邁全區地圖
077 古城區地圖
095 塔佩路、觀光夜市、
　　河濱區地圖

107 尼曼路、輝凱路區地圖
121 松達寺、清邁大學、悟孟寺
　　區地圖
135 近郊路線地圖
143 拜城地圖

145 拜城市區地圖
159 清萊市區地圖
175 素可泰市區地圖
　　(新城區、舊城區)

Amazing Thailand

繽·紛·泰·國 ————————————

一座寺廟、一棵老樹，在這裡，找回那一份失落的靜定。

印象泰北
Northern Thailand

緬甸
Myanmar

金三角
Golden Triangle

拜城
Pai

清萊
Chiang Rai

寮國
Laos

湄宏順
Mae
Hong Son

北部
North

清邁
Chiang Mai

茵他儂國家公園
Doi Inthanon

素可泰
Sukhothai

東北部
Northeast

中部
Central

大城
Ayutthaya

曼谷
Bangkok

東部
East

柬埔寨
Camboo

暹羅灣
Gulf of Siam

大城小鎮速寫

清邁 泰國第二大城，蘭納王朝古都，古城內坐落300多座寺廟，古樸之外，卻還有許多以泰北工藝美學為基底發展出的新設計，而周區的叢林滑翔、健行、泛舟更是刺激好玩的活動。

清萊 東北邊境主要城鎮，近年的城市規畫相當宜居，不但有古寺、優雅綠園，河濱更有許多優美的咖啡館餐廳，猶如來到迷人的英國鄉村小鎮。

金三角 以往的世界毒品交易中心，在泰國政府的努力下，現已成功掃毒，揭開這神祕的面紗，遊客還可入住叢林奢華旅館。

拜城 曾為散發著濃濃嬉皮味的小山城，泰國電影《愛在拜城》播出後，轉為最熱門的夢幻山城，不但泰國遊客多，中國遊客也相當多，已發展得像曼谷的高山路。不過郊區的叢林溫泉、大峽谷日落及山景、稻田竹橋等獨特景致，仍相當值得一訪。

湄宏順 當地人努力保留原本風貌的邊境山城，不至於像拜城觀光化。靜逸的氣息，宛如邊境世外桃源，周區的小瑞士、密窩村、竹木橋，非常值得由清邁搭機過來享受2～3天的避世小日子。

素可泰 泰國的古都，以素可泰遺跡公園及水燈節著稱，是個悠慢的小古鎮。

璀璨的蘭納王朝

泰國早期最興盛的蘭納泰(Lanna Thai)王朝創建於西元1296年,由清聖的明萊王(King Mengrai)所建,原立都於清萊,後遷都到清邁,在此發展出泰國史上的黃金時期。清邁在那段時期一直是泰國宗教、文化和商業中心,當時的手工藝品,如紙傘、銀器、珠寶、瓷器、木雕享譽全球;遺憾的是,後期遭受緬甸長年侵擾,泰緬戰爭不斷。

國花

金鏈花(Cassia Fistula Linn)每年2～5月綻放。泰國人認為對著黃燦的金鏈花冥想,能讓人的靈魂愉悅豐富。這種花也廣泛運用到泰國料理中,鄉下人喜歡在小孩出生時種一棵金鏈樹,隨著孩子一同成長。

歷史

1556年　淪為緬甸人統治200年之久,古蹟飽受破壞

1776年　在塔克辛王(King Taksin)帶領下,將緬甸人驅逐出境。不過在那之後清邁城還是荒廢了20年之久

1796年　泰皇拉瑪一世開始重整城市,18～19世紀均由地方自治

1874年　曼谷泰皇拉瑪五世收回清邁管制權

1921年　通往清邁鐵路完工,中北部來往暢通

1939年　清邁正式歸屬於泰國王朝

安全

泰緬邊境問題一直是泰國的隱憂,幸運的是,近年來較大的問題都已經解決了。不過若是要到達克(Tak)及湄宏順邊境,建議大家還是先跟當地人打聽一下最新情勢。

文化

蘭納王國是母系社會,結婚時是男性搬進女性家,並以穀倉來判斷這家的財富。

1900年初期,蘭納人男女都不穿上衣。男性要到叢林裡打獵,會以刺青護身。

9

印象泰北
Northern Thailand

語言

泰北人有自己的方言,稱之為Kham Muang (คำเมือง),語調較為輕慢,呈現出泰北人柔順的性情。蘭納也有自己的文字,較像緬甸文,在一些寺廟仍可看到泰文及蘭納文的標示。不過現在會讀寫的人比較少了,為此清邁開始有了蘭納文化組織,並在學校推動蘭納文化教育。

看懂寺廟建築

如何分辨蘭納、緬甸、泰國的建築風格?
緬甸式建築屋頂通常以層層尖塔堆疊,泰式建築則為較理性的方格狀,而蘭納式融合了這兩種風格,同樣層層堆疊但不似緬甸式那麼尖。
泰北寺廟的三角形屋緣,常會以大鵬金翅鳥Chofa裝飾。

佛塔(Chedi)與寺廟(Temple)的區別
佛塔其實是墓,通常建在寺廟後院。女性禁止進入佛塔。

為何有7尊佛像?

寺廟內通常可看到7尊或臥、或立的佛像,泰國人會依自己生日是星期幾,到寺廟參拜時,在自己的守護神前祈拜。

1.泰北還常可在路上看到這種水罐，供路人免費飲用。陶罐刻意保留青苔，以保持水的清涼度 2.上面圓圓的那排是蘭納文，下面則是泰文 3.廟內會有週一到週日的守護神，泰國人會到自己的守護神前祈福 4.蘭納風格的寺廟建築 5.寶塔 6.寺廟有些區域禁止女性進入 7.長長的白線牽繫著大佛到鐘塔，代表佛心、佛法的延伸與連結 8.進寺廟不可穿著過短、過暴露的衣服

靜定觀寺──欣賞寺廟建築藝術

泰國的佛教教派：南傳上座部佛教，也就是小乘佛教，「乘」在梵文意指佛如渡舟，追求自我的完滿、證悟、與解脫。最明顯的差別在於，佛寺裡看不到大乘佛教的菩薩像。

正面：
多呈三角形，並設有迴廊，以避免雨季時雨水潑入殿堂中。

多窗：
熱帶國家的建築最需要的通風效果。

三層屋脊：
斜度大，主要用以隔熱及排雨水。

七層塔及燭台：
泰北許多寺廟均可看到七層山形疊塔，寺廟內也有類似的燭台，這是泰北特有的風格，象徵傳說中的最終極樂境地七重山。

Naga：
那伽梵蛇是一種類似水龍王的神，由於過去河流與雨水對農業社會相當重要，因此當地居民認為只要好好敬拜掌管雨水與河流的那伽梵蛇，就能保佑河水不泛、不旱，許多船隻也因而打造成那伽梵蛇的模樣。此外，傳說中的那伽梵蛇具有劇毒與重生的能力，因此常被視為「生死之神」。

清邁必玩
TOP 5

1

清邁找悠閒

在隱巷內、大樹上探尋美味泰式咖啡、
優雅午茶時光。

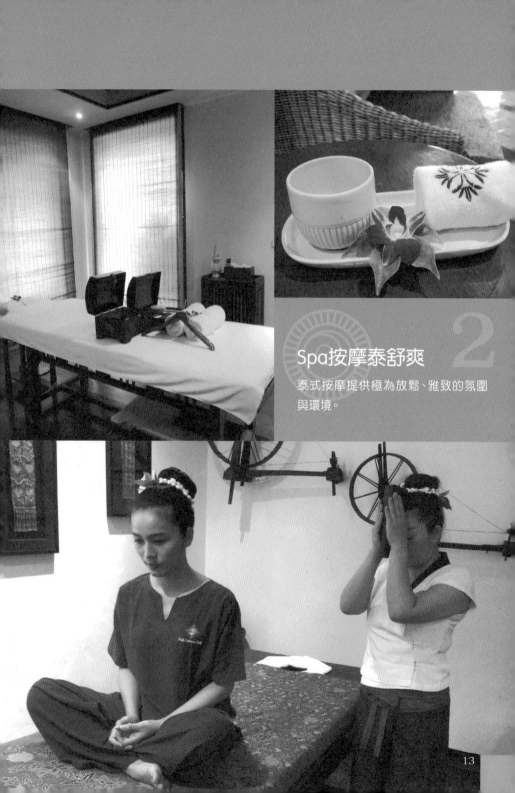

Spa按摩泰舒爽

2

泰式按摩提供極為放鬆、雅致的氛圍與環境。

文青設計風潮

尼曼設計市集、夜市小物、藝術品。

叢林山城大冒險

叢林泰山、叢林越野車、竹筏泛溪、跟
大象洗澡、單車之旅,帶你山中嬉遊,
享受隱世雅興!

15

深度體驗清邁文化 5

↑潑水節
每年4月的泰國新年宋干節,也就是最好玩的潑水節,在清邁各處都可和當地人共濕共樂。

←學泰拳
如果你是精力旺盛的小孩,也不怕無處去,健身房或泰拳練習場都有短期的泰拳課程。

16

↓烹飪課程
清邁旅遊最適合安排半天或一天，在市中心和郊區農場學習泰菜，透過烹飪的學習，更貼近當地生活文化。

↑瑜珈按摩靜坐
清邁聚居了來自各國的瑜珈老師，也有多家專業的按摩學校，除了基礎課程，還提供泰北特殊療程或腹部按摩課程；許多寺廟也為外國遊客開設短期的靜坐課程，讓遊客在此靜心慢活。

↓水燈節
水燈節是最浪漫的泰國傳統節慶，除了在河濱放水燈外，最吸引遊客的是萬人天燈的壯觀景象。

快讀清邁

數字看清邁

1 泰國第一高山茵他儂坐落於清邁境內，海拔2,595米。而清邁的地標——素帖山，海拔1,667米。

2 清邁是泰國第二大城，僅次於曼谷，獲選Travel + Leisure雜誌2016年全球最佳旅遊城市第二名。

4 面積約為4萬平方公里。

13 13世紀時清邁為蘭納王朝的首都。

150 清邁全區約有150萬人口，市區居住人口約20萬人(泰國全國人口約6千7百萬人)。

200 清邁曾受緬甸統治200年之久。

300 清邁約有300間寺廟。

543 泰國採用佛曆，以釋迦牟尼圓寂後一年為起始年，比西曆早543年，例如：西元2000年為佛曆2543年。

700 清邁距離曼谷約700公里。

900 每年約有900萬遊客造訪。

清邁小檔案

語言：Thai泰文
貨幣：泰銖(THB／B)
時差：比台灣時間慢1小時
國家電話代碼：+66
電壓：220V

清邁最適合裝扮
- 遮陽帽，入寺廟記得脫帽
- 透氣衣服(最推薦長袖襯衫或棉麻質長袖)
- 膝蓋以下的裙、褲
- 容易穿脫的鞋子(進寺廟都得脫鞋)

清邁關鍵字

蘭納

13世紀高棉帝國式微，素可泰、大城(Ayutthaya)、南部的回教邦國北大年(Patani)等紛紛獨立，而1292年獨立的蘭納王朝(Lanna Thai)就是其中一個邦國，創始者為明萊王(Mengrai)，原立都於清萊，後遷都清邁，因此稱為「Chiang Mai」，亦即「新城」之意。

方形圍城

清邁古城為四周方形城牆環繞，牆外為護城河。

平河

平河(Ping River)流經清邁城，曾為清邁最重要的商貿命脈。瓦洛洛市場前以往為主要港口，商貿人士多聚居這區的河岸兩側。

Khan Muang

清邁方言(ค่าเมือง)，較為輕柔；蘭納也有自己的文字系統，形狀較像緬甸文。

顏色看泰國

顏色VS每一天
泰國人習慣以7種顏色來代表每一天：

星期	一	二	三	四	五	六	日
顏色	黃	粉紅	綠	橘	天藍	紫	紅
習俗	剪髮可帶來長壽的好運道	剪髮可帶來力量	剪髮會帶來壞運氣	剪髮會受守護天使的護佑	什麼也不做的預休日	讓自己看起來更棒的剪髮日	稍微修剪頭髮可活得更長久

顏色VS特殊節日
在特定節日，大家會穿著代表那個日子的顏色服飾，例如：已故泰皇蒲美蓬誕生於週一，民眾會穿黃衫，因此黃色的金鏈花也獲選為國王之花，新繼任者瓦吉拉隆功王也是週一生。皇后詩麗吉生日則穿藍衫，詩琳通公主生日是紫衫。

顏色VS泰國國旗
藍色代表泰王、國家領袖，白色代表心靈層面的宗教力量，紅色則是代表國家根本的人民與土地，因此占最大比例。

最佳旅遊時節與節慶

11～2月　涼季　BEST 旅遊季節

雖然我們常開玩笑説泰國只有熱、很熱、非常熱3個季節,但到了11月,天氣確實會較為舒爽,大部分區域也不那麼常下雨了,可説是旅行泰國的最佳季節。

3～6月　熱季

一進入3月,天氣開始變得較為炎熱,到了4月潑水節期間,可説是熱到最高點,也難怪佛要浴洗金身、人要潑水消暑。這個季節最重要的節慶莫過於泰國新年和潑水節。

7～10月　雨季

進入雨季後,清晨以及午後都會下起傾盆大雨,不過通常是驟雨,不會下太久。老天爺也多會給個15分鐘的預告時間,看到烏雲蓋頂、濕風吹起,就可以準備找家咖啡館或按摩中心躲雨。不過要提醒大家,若想在雨季進行山區活動,務必先查詢氣候,暴雨期間,並不建議冒險前往。

此外,泰國的排水系統不佳,只下30分鐘的雨就會積水,建議穿不怕水的鞋子。

此時期最有趣的節慶為泰國東北雷府的鬼面節。

天燈小提醒

建議購買天然材質的天燈及水燈,比較不會污染河川(不放天燈,在場體驗水燈節精神更好);請在規定的時間放天燈,以免影響飛機航道;古城內會舉辦一系列活動,許多車道會改道,建議步行參觀。

潑水節期間當然也要手拿一支水槍或水桶備戰，沿路的小攤或超市均有售

潑水節 (Songkarn Festival)

時間：4月13～15日

潑水節的正名為Songkarn(宋干節)，也是泰國最重要的新年。家人這幾天會一起到寺廟參拜、浴佛，不過也因為4月是泰國最炎熱的季節，大家還會瘋狂潑水慶祝。

而清邁應該是泰國最適合慶祝潑水節的城市，古城不但有許多禮佛的古寺廟，過年氣氛濃厚，再加上護城河的水取之不竭、用之不盡，根本就是個天造地設的潑水節城市。

潑水節要怎麼玩呢？

古城區各個角落都有驚喜，不過最激烈的水戰區在塔佩門護城河周區及輝凱路Central百貨附近，尼曼區有些路段也會封街打水戰。當地人則會全家出動，坐在小貨車後面，載著特大水桶，沿路激戰。遊客也可一起租輛雙條車或小貨車沿路打水戰。

潑水節期間出門不可能全身而退，潑水是一種祝福，千萬不要生氣噢！

標準配備是掛著一個小防水袋，帶著500泰銖在身上就好，出去一定是濕了又乾、乾了又濕，盡量不要穿太透明的衣服

戴上遮陽草帽、拿著水桶，一起潑水去

群眾聚在城門外的護城河邊大戰

水燈節

11月的清邁及素可泰水燈節(Loi Krathong)，為泰國最美麗的節慶。

11月水燈節時泰國人會將花和香柱、蠟燭或是一枚硬幣放在船上，獻給水神，祈望能一掃過去一年所犯的過錯。並祈求河神不會降下水災，來年風調雨順。此外，清邁還會舉辦為期3天的天燈祭，場面相當壯觀，因此總是吸引許多遊客前往，此期間務必先訂房(建議至少1個月前)。河濱旅館多會推出晚餐秀+放水燈+煙火的套裝，雖然較貴，但也不需人擠人。天燈則是向天神、滿月祈福，據說情侶若一起放天燈，便能過得圓滿快樂。

取之不盡、用之不竭的護城河水

想在有限的時間內遊玩清邁，體會慢活樂趣，最大的祕訣就是將景點分區，鄰近的安排在同一天前往，既可節省交通時間，行程也會更加順暢，如果臨時要增加景點，或想在特殊的時間前往，例如看日落或夜景等，則在期間穿插安排即可。

5天4夜 清邁經典行程

Day 1　台灣→(曼谷轉機)→清邁
入住古城區旅館→Loi Kroth按摩→古城區三王紀念碑、蘭納生活文化博物館→Lert Ros東北菜小餐館／Fern Forest用晚餐

Day 2　清邁古城區
古城寺廟之旅(也可參加當地古城／美食文化之旅)→Fah Nana／女子監獄按摩→瓦洛洛市場→市場後的老湯麵店／對岸的Woo Cafe／古城的Khun Yai咖哩麵店用餐→銀廟→週六市集→Jok Sompet粥店／乾帕門外美食小夜市／觀光夜市宵夜

Day 3　清邁郊區
叢林泰山／大象行程→四季午茶／烹飪課程→河濱晚餐／蘭納晚餐秀／夜間動物園

Day 4　清邁大學及尼曼區
素帖寺→松達寺→悟孟寺→藝術村→尼曼路＞尼曼路烤雞餐／清邁門外小夜市→Maya購物中心RimPing超市／輝凱路的Tops超市／Central Plaza Airport掃貨→打包
建議：若搭火車或巴士回曼谷者，可搭夜班車，隔天早上抵達曼谷。

Day 5　準備回國
預訂機場或車站接送車→享用早餐→回家

Tips　行程安排撇步
清邁的週末市集相當有特色，建議要安排能跨到週六或週日的行程。

5天4夜 老少同遊：悠閒+刺激的雙重滿足

清邁是個非常適合全家大小共遊的城市，既有長者喜愛的悠閒，也有孩子瘋玩的活動，要怎麼排出能讓長輩滿意、孩子盡興，兩全其美的行程呢？

Day 1
清邁→入住古城旅館→古城：隆聖骨寺、盼道寺、SP烤雞、帕邢寺、Fern Forest午茶或Fah Lanna按摩→蘭納晚餐秀，或黛蘭塔維Grand Lanna晚餐

Day 2
清邁門市場或瓦洛洛市場→3D藝術館→Central Festival購物中心→夜間動物園(可在附近的Nic's親子餐廳或黑森林餐廳用餐，並可順遊蘭納風星巴克及Outlet，詳細行程見P.57)

Day 3
Ⓐ 叢林滑翔(也可租車或包車前往郊區樹屋，大行李可寄放在原旅館)
Ⓑ 早上大象行程→尼曼烤雞或紫蝶花麵午餐→Maya購物及按摩→黛蘭塔維Maya分店下午茶→河濱或遊船晚餐

Day 4
回清邁市區參觀：素帖寺、悟孟寺、藝術村→Loi Kroth按摩→週日市集

Day 5
準備搭機回國

老兄！把我的帽子還給我！！

> **Tips** 行程安排撇步
> 親子遊最推薦住古城區，交通比較不紊亂，步行即可參觀周區景點，也方便隨時回旅館休息。

行程建議

Photo by:Dheva SPA

2天1夜 48小時快閃清邁

快閃路線
QR code

Day 1

入住旅館→清曼寺→帕邢寺→盼道寺→隆聖骨寺→午餐→三王紀念碑→蘭納民俗生活文化館→Loi Kroth按摩→古城購物→Fern Forest或Woo Cafe午茶→週末市集／蘭納晚餐／Riverside或The Good View或The Gallery河濱晚餐

Day 2

素帖寺→松達寺→悟孟寺→尼曼區咖啡館→尼曼區逛街(Think Park、Maya買馬卡龍及按摩)→搭巴士或搭飛機

Tips　行程安排撇步

對寺廟沒有那麼有興趣者,可參觀古城內的帕邢寺,及城外的松達寺或悟孟寺即可,空出一個上午或下午,到當代美術館(P.137)周區參觀、用餐及午茶。

7天6夜 深度旅遊行程(清邁+清萊+拜城)

Day 1　清邁
古城漫遊→清邁門外小夜市／蘭納晚餐秀／夜間動物園

Day 2　湄宏順
清邁搭機前往湄宏順→一日遊魚穴、密窩村→夜宿密窩村／當日返回
湄宏順

Day 3　拜城
搭小巴前往拜城、大峽谷日落→拜城市區Walking Street 夜市→按摩

Day 4　拜城郊區一日遊
叢林溫泉→稻田竹橋→中國村山區觀景→下午回市區搭小巴士回清邁

Day 5　清邁
清邁門看僧侶化緣、早餐→素帖寺→悟孟寺→藝術村→松達寺→尼曼
路→週日觀光夜市

Day 6　清萊
白廟→黑屋→長頸族村落→清萊市區帕邢寺→黃昏市場→觀光夜市：
吃小火鍋、看表演、購物

Day 7　清萊
聖獅公園Singha Park→河濱餐廳用餐／下午茶→回曼谷轉機回台或奔
南方島嶼

Tips　行程安排撇步

若假期更長者，希望這趟泰國行也能享受海島度假，可直接由清萊搭機到普
吉島或蘇美島。
若只想深度玩清邁，可參加：單車文化之旅、夜間小吃美食之旅、平河遊船。

慢味清邁一日5餐

泰北人較習慣吃糯米，料理中也少用椰奶。小攤的桌椅多低矮，多了一種溫暖的親切感。

早餐&
Sunday
Brunch

辣豬血米線

排骨、豬血、番茄、黑豆醬，與各種香草熬製的湯麵。雖然很辣，但好吃至極。而且桌上都會有一盤盤的酸菜、豆芽、高麗菜、含羞草等配菜，讓客人自己加入湯麵中食用。

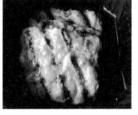

烤肉+糯米

最常見的國民美食，現已成為熱門的早餐選項。學校附近總會看到烤肉小攤，泰國人習慣再買一包糯米飯搭配著吃。現在連美式速食店都推出這道餐點了。

豆漿油條

泰北也常看到豆漿配油條，沾香蘭醬的攤販。

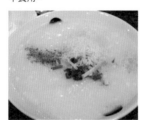

粥

泰國粥店也很常見，熬得相當綿糊，通常會加肉丸及豬內臟，吃的時候可加點生蛋，口感更棒。

西式早餐

泰國的外國遊客多，因此旅館附設咖啡館或一般的咖啡館皆提供各種西式早餐。

推薦餐廳：

清邁門市場前碳烤土司、Good Morning、Bird's Nest、Khao Soi Mae Sai麵店(早上賣辣豬血米線，09:00以後才賣咖哩麵)。清邁早午餐則以艾美酒店的最受歡迎。

午餐

青木瓜沙拉
清爽的前菜,除了青木瓜絲外,也有青蓮霧、青芒果、芭樂沙拉。

咖哩麵
源自緬甸料理的咖哩麵,椰奶味較重,吃的時候可加入萊姆、小洋蔥。

肉丸或魚丸湯麵
泰國的牛肉丸和豬肉丸、魚丸大多做得相當香純,晚餐來一碗熱呼呼的清爽湯麵最是暢快。

烤雞配糯米飯
外皮酥脆,醬汁入味,裡面的肉質鮮嫩,泰國人的烤功實在了得。

打拋肉飯
碎肉及打拋葉快炒,下飯首選。

清邁香腸
主要分為三種:Sai-ua較像台灣香腸的口味;Naem-yow帶有酸味,顏色偏白;Moo-yaw則像火腿。街上小攤常看到香腸攤,一般小攤將香腸烤好後,會給客人一袋生菜搭配食用。

海南雞飯
雞飯及豬腳飯是常見的小吃。吃雞肉飯時,淋上特調醬油辣醬更添風味,但也要特別注意猶如小炸彈的綠色小辣椒。

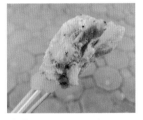

沙嗲
在泰北也可找到可口又清爽的沙嗲,吃的時候記得沾香噴噴的花生醬,再搭配清爽的醃漬小黃瓜及洋蔥吃。

推薦餐廳:

尼曼Kai Yang Cherng Doi烤雞、Ginger Kafe、Bird's Nest、The Prince Royal's College斜對面沙嗲小攤

清邁 Chiang Mai

晚餐

泰北前菜拼盤
通常包括炸豬皮、泰北香腸,以及水煮鮮蔬。

涼拌酸辣牛肉
清爽的泰國前菜。

蘭納傳統餐點(Khantoke)
小圓托盤上的傳統蘭納皇室餐點,通常包括咖哩豬肉、炸豬皮,佐菜的沾醬尤其講究。

冬陰功泰式酸辣湯
Tom Yum Khon是泰國經典菜肴,湯頭以南薑、羅旺子、香茅等香料熬煮而成,有些還會加上椰汁(tom yum num khon)。

鮮蝦粉絲煲
鮮蝦與醬料的香氣全都沁入粉絲中,這香氣總是令人想起時流下口水。

咖哩
泰式咖哩包括紅咖哩、黃咖哩、綠咖哩及最推薦的Massaman咖哩。

泰式炒麵(Pad Thai)
經典街頭小吃及泰國主食。源於一次泰國水災缺糧,當時的總理利用各式乾料炒麵的救急料理。

炸魚
來泰國必吃的一道料理。

鹽烤香茅魚
將香茅塞入魚肚中酥烤。

炸雞翅
與泰國香草一起酥炸的雞肉,真是吮指美食啊!

東北酸辣排骨湯
又酸、又辣,又讓人停不住嘴的飆汗熱湯。

28

烤豬頸肉
烤豬頸肉是泰式烤肉中的經典，必吃！

推薦餐廳：

較平價的The Good View及River Side河濱餐廳、蘭納晚餐秀、The Grand Lanna、黑森林餐廳、Lert Ros東北菜小館

泰式午茶

香蕉煎餅（Rotee）
泰國香蕉煎餅多為伊斯蘭教小販經營，可選擇香蕉加煉乳，或是巧克力醬或起司。

米餅
又香又脆的健康零食。

甜品
多為椰奶、芋頭、樹薯、西米露等，黑糖仙草也很常見。

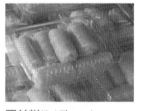

蛋絲糕(Foi Thong)
蛋白做成的絲捲甜點，意寓愛情長久的賀禮。

迷你豆沙糕(Look Chub)
各種水果造型的豆沙糕。Chub意為養育，常是長輩送給晚輩的祝福禮。

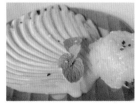

芒果糯米
一定要吃到好吃的，才會愛上這道甜點。糯米、椰汁都要拿捏得恰到好處。

花蒸糕
傳統甜點，各有象徵意義。如斑蘭花香氣十足，斑蘭花酥餅是祝福對方名氣遠播。

橘子汁
泰國的橘子汁非常好喝，每天必來一杯。

SPY調味酒
超商也可找到各式低酒精濃度的調酒。

棕櫚汁
超香醇的果汁，華欣地區的特產。

椰子汁
泰國椰子汁多又甜。

洛神花茶
酸中帶甜的好味道。

啤酒
最推薦Singha Light泰國啤酒。

檸檬紅茶
泰式紅茶加上檸檬的爽口飲料，
很適合搭配泰國辣菜飲用。

香蘭茶（Pandan）
有種特殊的香氣，也可從超市買
茶包或香蘭茶葉回家泡。

泰式咖啡
泰北現在也種植高品質的咖啡
豆，泰國傳統冰咖啡真是一絕。

Blue Pea亮蝶花茶

紫色亮蝶花泡製的茶，冰冰喝很爽口，許多SPA中心會以此為迎賓茶。

水果冰茶

越來越多店會以茶製冰塊加入水果茶。

蘭薩果(Longkong)

類似龍眼，但味道完全不同，酸酸甜甜的奇妙滋味！

榴槤

味道濃郁，不可攜帶榴槤到旅館或巴士這類密閉式空間。

山竹(Mangosteen)

看山竹底端就可知道裡面有幾瓣果肉。

木蘋果茶（Bael Fruit Tea）

生長於印度、東南亞的植物，也是泰北常見的花茶。名字取得很好，想像「木」蘋果是什麼味道，喝起來就是那樣。

泰式冰奶茶

泰國奶茶那香濃味讓人一喝就愛上。手標牌最受歡迎，金色包裝尤其適合做奶茶。Maya購物中心樓下設有專賣店。

檸檬冰沙

泰國的檸檬汁真香，配嗆辣的泰國菜最適合不過了。

推薦餐廳：

Woo cafe、Four Seasons、Nakara Jardin、Dhara Dhevi Cake Shop、塔佩路4巷口Rotee老攤販、Kasem老麵包雜貨店、Heart Made Pastisserie、古董庭園咖啡

泰北連鎖咖啡館

Doi Chaang Coffee咖啡館

Doi Chaang的咖啡豆均來自阿卡族部落及蘇部落(Lisu)，在1,200公尺高的淨土上種植森林咖啡，並由農民自組公司，直接進行對農民較公平的國際行銷。而且他們不使用化肥、農藥，在咖啡園內種植夏威夷堅果樹及各種果樹平衡生態，所有製程都採手工天然程序。因此這裡所產的阿拉比卡咖啡擁有獨特的風味，除了獲得國際認可的Peaberry優質咖啡豆之外，還有野生麝香貓咖啡(Wild Thai Civet Coffee)。

Add 53 Kampangdin Rd. Web www.doi chaangcoffee.com

Wawee Coffee咖啡館

Wawee咖啡來自清邁山區的Doi Wawee，而且你所消費的每杯咖啡都會捐贈1B給泰北基金會，咖啡香醇，難怪生意比星巴克還好呢！

Add (1)古城區Ratchadamnoen Road (2)Mae Rim四季旅館外 Time 07:00～23:00 Web wawee.co.th

Akha Ama Coffee

Akha是泰北的阿卡族，Ama則是媽媽的意思。此品牌由一位阿卡族人所發起，以自產自銷、永續環保的方式經營。現已是清邁最受歡迎的咖啡館之一，咖啡特色是擁有豐富的果酸香，加入橙皮的Manee Mana也很值得推薦。咖啡豆產品很適合當伴手禮。

Add 帕邢寺前的Rachadamnoen Rd主街上，7-11便利商店斜對面 Time 08:00～18:00

深夜食堂

推薦餐廳：

Jok Sompet粥店、帕乾門外小夜市、清邁門外小吃攤

粥

豬腳飯

湯麵

名店 點點名　清邁咖哩麵最推薦

清邁咖哩麵由來

「Khao soi」或「khao soy」(ข้าวซอย)源自於緬甸，隨著緬甸人移居而廣為流傳，現為泰北、寮國地區的國民小吃，因為麵條是呈金黃色的雞蛋麵，所以中文名稱取為「泰北金麵」。金麵的湯底則多為咖哩加上薑黃、生薑、椰奶、棕櫚糖所熬成的，配料最常見的是雞肉及酸菜，另也有牛肉、鮮蝦等。

名店特色大不同

清邁咖哩名店那麼多，各有何特色，如何挑選呢？

Khao Soi Khun Yai	位於古城牆邊緣的老店，容易抵達。分量剛剛好，味道足，脆麵又棒，完全不膩味，大推！
Khaosoy Maesai	位於輝凱路附近的小巷內，味道醇厚、帶點微辣。早上先賣辣豬血米線，09:00以後才開始賣咖哩麵。
Khao Soi Islam 伊斯蘭街老店	位於觀光夜市不遠處的伊斯蘭教區，咖哩麵的味道較為溫和，仍保留咖哩麵的傳統做法，吃的時候記得添加一匙辣椒醬，味道才會較完整。筆者認為這家店反倒是烤羊肉飯khao mok及牛肉湯更為出色。
Khao Soi Lam Duan Faharm	清邁的老字號，以傳統祕方做的牛肉及雞肉聞名，湯頭則是帶著濃濃咖哩味的大骨湯。
Khao Soi Samer Jai	清邁最知名的咖哩麵之一，就連前總理及許多大明星都愛這裡的鮮甜咖哩雞腿麵或是牛肉麵。但地點較偏僻。

停不了手狂掃清邁好物

在清邁逛街，彷彿經歷一場泰北文化美學的洗禮。清邁人由百年傳承的傳統工藝出發，衍伸出許多創意的新設計，即使是在熱鬧的夜市，也像在逛美術館，這獨有的樂趣，就等你自己來領略。

清邁獨特
工藝設計力

大象噗噗紙
用大象大便做的紙卡

大象設計品

手工皮件

特色服飾

陶瓷器皿

實穿涼鞋

竹編包、竹編鞋

竹編燈

藝術畫作

三角枕

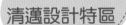

清邁設計特區

Penguin Village企鵝小區

幾位志同道合的朋友,選擇在尼曼區不遠處的大馬路旁,打造一座可以讓人貼近自然、輕鬆享用美食、玩手作藝品的創意小區。

小區內共有一家咖啡館、一家手染陶瓷店、還有一家相當推薦的Barefoot Cafe。廚師在小小店面的開放廚房,現場手作義大利麵條、披薩,口感就是不一樣,讓人吃到忍不住彈舌!餐廳空間很小,但卻能讓客人在此享受美好的用餐時光。

Add 44/1 Moo1 Klong Chonlprtam Rd
Time 10:00～20:00
Fb barefootcafechiangmai

Parkeryawshop 優質老工藝品店

→價格雖不便宜,但設計也確實獨特

Parkeryawshop是清邁知名的少數民族傳統手工藝品店,現在更回歸山林,將店搬到工藝家雲集的San Kamphaeng,來到這家店,真有點到鄉野尋奇的感覺。店裡各種商品多為手工製品,價格雖然較高,但也確實獨一無二。

附近還有許多值得一訪的地方,推薦安排一個上午探訪這區(P.137)。老闆女兒在觀光夜市附近開設一家新的分店ChaChaa Slow Pace(地址:119 Loi Kroh Rd.)。

Add Soi 4, Tambon San Klang, Amphoe San Kamphaeng **Time** 10:00～18:30,週日休息

鍾情於傳統工藝的Bunrin Thongdeelert女士

Baan Kang Wat藝術村及Paper Spoon

近年有好幾位清邁手工藝師，在悟孟寺附近的山區的一塊荒地，打造出一座小小的藝術村，在傳統的2層樓木屋建築中，販售自己的手工設計品、泰北傳統美食(有點像村裡的小食堂)、咖啡館，甚至還有青年旅館，乾季時也會舉辦電影節等藝文活動。

往工藝村的路上，會經過一家Paper Spoon手雜咖啡館，另外還有2、3家非常有特色的童裝、泰北設計品店，也非常推薦過來挖寶。

晚上可到素帖路山上的熱門花園餐廳Galae用餐(65 Suthep Rd，由素帖路往山上直騎一小段路就會看到)。

■บ้านข้างวัด
Add 191-197 Su Thep
Tel (095)691-0888
Time 11:00～18:00
Fb BannKangWat
Trans 沿著悟孟寺(Wat Umong)入口前的路繼續往左騎，車程約5～10分鐘，建議可以包車或騎摩托車參觀周區景點，如松達寺、清邁大學、尼曼區等。

01.Baan Kang Wat(意思是「廟旁的家」)，藝術村位於Wat Ram Poeng蘭朋寺旁 02.藝術村裡聚集多家優質的手工藝品店，雖然價格比較高，但品質及設計感也滿好的 03.親子工作坊，讓小朋友動手做工藝 04.村裡小食堂概念的泰北餐館 05.好喝的泰式奶茶店mahasamut library，老闆還計畫到台灣騎單車旅行 06.村內有繪畫、陶瓷工坊 07.Paper Spoon是幾個志同道合的朋友一起開設的咖啡館手雜店，有服飾、泰北設計品、陶瓷、童裝等 08.童裝設計都非常具泰北特色，質料也棒 09.做工扎實的手工掛飾 10.Paper Spoon是清邁人享受悠閒午後的小園地

停不了手狂掃清邁好物

購物情報
Shopping

以現代美學重新演繹的傳統面具

Intanu 傳統面具手繪工坊

Intanu的創始人雖是產品設計出身的新潮設計人，但卻對傳統倥劇的面具情有獨鍾，一直夢想著能以現代的詮釋方式，重新演繹傳統面具工藝。

而他也的確成功走出一條自己的創作之路，在古城老街上開設這麼一家面具工坊。除了販售自己手繪的商品外，遊客也可到工作坊自己動手繪製一尊甘尼夏，亦或猴神面具帶回家。

神奇的是，這項手繪創作需要相當的專注力，因此繪製的過程彷如一趟靜坐之旅，需讓自己沈澱煩擾的心，全心放在細緻的線條上。雖是看似簡單的面具手繪，但你所會獲得的，或許是一份意想不到的心境風景。

自己動手繪製面具，所獲得的可能不只一個美麗的面具喔

Add 214/1 Phra
　　　Pok Klao, Si Phum
Tel (66)8826-04088
Time 10:00～20:00
Fb intanukhon

繪製甘尼夏智慧之神
Step by Step

Step 1
先上底色，再為象牙上色。

Step 2
頂冠上色。

Step 3
乾了之後，以鉛筆描繪圖樣。

Step 4
先繪眼睛，再繪額頂圖樣。

Step 5
待乾燥後加上裝飾，即可將美麗的作品帶回家。

清邁 Chiang Mai

款愛自己
必買清單

泰國芳香保養品、藥品

泰國人相當注重美白，因此市面上有許多美白去斑產品。除了新興的草本保養品牌外，其實還有許多老字號，品質歷久不衰，便宜又好用呢！

Powder Mask
泰國老牌Srichand明月香粉面膜，具控油、淡斑、美白功能。較高級的為Srichand Tanaka Gold，添加Tanaka香木粉，美白抗氧化效果更好，並以奈米技術製造，可盡量買面膜粉及護膚粉。當面膜使用時，除了加水，也可加優格使用。

椰子油
椰子油是相當滋養的一種植物油，無論是擦身體或頭髮都相當好，購買時可盡量買初榨(Virgin)或是冷壓(Cold Press)的椰子油，營養成分最高、最完整。

精油

ele mask
泰國明星都愛用的晚安面膜，含良好清潔功能的竹炭成分及去斑、去痘、抗老化成分。

Mt. Sapola
泰國香氛品牌中價格較合理的品牌，推薦乾洗手液、泡澡鹽、手工皂、精油、花露水。

天然花草保養品
在超市或有機商店可買到各種泰國獨特花草配方的保養品。

去角質絲瓜皂
肥皂包覆在絲瓜布裡，相當適合用來刷腳。

蠶絲去角質
泰國蠶絲的蛋白質含量高，特別適合用來做臉部去角質。

停不了手狂掃清邁好物

泰國超市、Boots、屈臣氏教戰

優質的商品也不定要到高貴的商場購買，像是
Boots、屈臣氏這類的藥妝品店或Spa附設商品
店，即可買到平價的優質商品及伴手禮。

上標油
跌打損傷、提神用。

觀音牌珍珠膏
平價老字號，具去斑、抗痘效果。

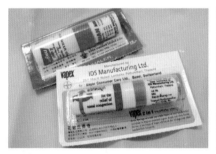

薄荷棒

擴香瓶

臥佛牌藥草膏、Zam-Buk烏青膏、Yanhee驅蚊膏
蚊蟲咬傷、瘀青、割傷、燒燙傷均可使用。另還有Yanhee 驅蚊膏也很好用。

清邁 Chiang Mai

滾珠罐精油
做成滾珠罐的精油，除了大瓶裝外，還有這種可愛的小禮盒。

手標茶
分為綠色(綠茶)、紅色(紅茶)、金色(上等紅茶，泡製奶茶最佳)。

Madame Heng 興太太香皂
除了好用的去痘洗臉皂、原配方身體皂、金牌頂級皂外，還有去斑皂及Care Spa自然平衡香皂(含蜂蜜花草、千斤秤、深海紫菜等獨特配方)。

蜂蜜
泰國的蜂蜜品質很不錯，皇家牌的價格非常合理。

Monkey Nut 腰果
天然原味，腰果品質相當好。

米餅
最推薦加了堅果的米餅。

泰國有機花茶
最好購買有機產品，以免農業殘留問題。推薦茉莉花茶、紫蝶花、香茅、香蘭葉這些具泰國特色的花茶。

停不了手狂掃清邁好物

Love Farm 檸檬片
糖漬乾檸檬片，有原味及辣味兩種口味。

泰北咖啡
在超市及老雜貨店即可買到各種泰北產的咖啡豆。

牛奶片
在廊曼機場或清邁大學農業系的皇家產品專賣店均有販售。棕色是巧克力口味；藍色則是原味。

炸豬皮
所有泰國人到清邁、清萊必買的伴手禮。炸得酥脆的豬皮最適合放在湯麵中，增加湯麵風味。

泰味料理包
泰國酸辣湯、咖哩(最推薦 massaman curry)、打拋肉等料理包。

Doi Tung 夏威夷豆
品質保證的泰北皇家計畫產品。

聞香瓶
中藥味的醒神配方。

Spa按摩好享受

泰式按摩是旅遊泰國必體驗的行程,不但按摩手法獨特,環境與服務常是出乎意料的水準,價位更是漂亮!

泰北按摩特色

如果説台式按摩著重於經絡穴道,那麼泰式按摩就像是有個人幫你做瑜珈,較著重在伸展與活絡血液循環。泰北的按摩原理與其他地區大同小異,不過在按摩手法上融入蘭納人的輕柔緩慢性情,因此一般來說,泰北的按摩手法不像南部那麼重。

除此之外,到泰北一定要試試蘭納鐸森式按摩(Lanna Tok Sen)。這是泰北的古法按摩,以特製木槌沿著身體的子午線敲打,將體內阻塞的能量打通,具有舒緩深層肌理與骨骼痠痛的功效。有些木頭採用泰北常見的柚木,有些則是羅望木槌。

■ 最 推薦的按摩類型

深具療效:泰式全身按摩Thai Body Massage

逛街休息:泰式腳底按摩Thai Foot Massage

放鬆美肌:精油按摩Aroma Oil Massage、熱油按摩 Hot Oil Massage、熱石按摩Hot Stone Massage

神奇體驗:四手按摩Four Hands Massage

泰北古法: Tok Sen鐸森按摩,Tok是敲(以柚木敲擊),Sen是線,也就是身體的脈絡,藉以深層疏通積結的鬱氣。

全身美容:腳部去角質+臉部清潔+身體去角質+全身精油按摩

Foot Massage與Foot Reflexology有何差異?

Foot massage主重放鬆,Foot reflexology則較著重在經絡點。

月經、懷孕期間適合按摩嗎?

月經前4天不宜按腳底按摩,腳底穴點較多。若真想按,可以考慮精油按摩,一般按摩中心不接受4個月以下的孕婦。

Spa按摩好享受 Spa按摩情報 Relaxation

身體療程（Body Treatment）

熱石按摩	Hot Stone Massage（推薦：Oasis Spa）
四手精油按摩	Four Hands Aromatherapy Oil Massage（推薦：四季The Spa）
泰式傳統全身按摩	Thai Traditional Massage（推薦：Loi Kroh）
足部按摩	Foot Massage或Foot Reflxology（推薦：女子監獄按摩）
手及足部按摩	Hand & Foot Massage
頭背頸按摩	Head Back & Shoulder Massage
泰式精油按摩	Thai Oil Massage 或Aromatherapy Oil Massage（推薦：Fah Lanna）
熱油按摩	Hot Oil Massage
瑞士油壓按摩	Swedish Massage
藥草球按摩	Thai Hot-Compress Massage / Herbal ball Massage
蘭納鐸森式按摩	Lanna Tok Sen Massage
泰國藥草蒸浴	Thai Herbal Steam
花浴	Floral Bath
桑拿	Sauna（RarinJinda設有溫泉設施）
水療	Hydro Therapy
身體裹敷	Body Mask

大推熱石按摩

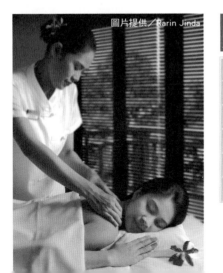

圖片提供／Rarin Jinda

臉體療程（Facial Treatment）

臉部療程	Facial Treatment
去角質	Scrub
海鹽去角質	Sea Salt Scrub
泰式花草去角質	Thai Herbal Scrub
腳部美甲美容	Pedicure
手部美甲美容	Manicure

43

清邁 Chiang Mai

精選優質好Spa

清邁各區也有推薦
其他的Spa中心喔！

專業No.1 Loi Kroh Traditional Thai Massage & Yoga

按過這家，體驗過何謂專業的按摩後，就
很難滿意一般的按摩店了！因為這裡的
按摩師相當專業，他們完全知道自己按的
每個點、每個手法有何作用，並能感受客
人的身體狀況，以適當的力度按壓。而且
這裡的按摩師一天工作時間都不超過4小
時，能以最好的精力來療癒每位客人。

因此來這裡若選擇熱石或精油按摩就太
可惜了，如此專業當然要選擇療效最棒的
泰式按摩。若需要排毒，還有專業的腹部
排毒按摩師傅。想學按摩的話，這裡也提
供專業學習課程，淡季時還常有特價。

這家最適合安排在一抵達清邁就先去按
摩，體驗過後，知道它的好，才能充分利
用在清邁的時間一來再來。

雖然不是華麗的按摩中心，但窗明几淨，還有舒
服的木質地板

體驗過何謂專業按摩後，就很難滿足於一般的按摩店了，真想天天到這家按摩啊

Add 1/3 Loikroh Rd, Soi 3 Tel (053)274-681 Time 週一～六09:00～18:00
Web loikrohmassage.com Trans 位於Super Rich匯兌處附近的小巷內，靠近觀光夜市區
Info 記得先預約

Spa按摩好享受 Spa按摩情報
Relaxation

Fah Lanna 泰北文化特色按摩

Fah Lanna Spa是由一群熱愛泰北文化的
夥伴共同創立的。創始店在觀光夜市旁的
小巷內,其親切又平價的服務大受肯定,後
來在古城內開設一處更能完整體現泰北文
化的Spa中心。除了按摩中心外,現在隔壁
還增設了咖啡館,並推出全套的養生計畫。
Spa按摩房為隱立於綠園間的百年老木屋,
呈現出泰北獨有的悠閒氣息。室內主要以
各省分的生活文物裝飾,讓客人到此不只
是按摩,而是走進一座生活文化館。除了硬
體外,蘭納人的溫柔,也透過服務人員的態
度傳達出來了。

01.古城區店,能感受完整的泰北文化 **02.**按摩師訓練
嚴謹,品質相當穩定 **03.**賓客喝的花草茶就是以這樣
的器皿煮出來的,放置在接待處,讓來客接觸泰北生
活文化 **04.**每間按摩房以泰國不同省分的特色布置

非常喜愛這家小店,平
價就可享受專業按摩!

本店
Add 186/3 Loy Kroh Road
Tel (089)6950-802,(082)0303-029
Time 10:00～23:00(最後預訂時間
22:00) Web fahlanna.com
Trans 觀光夜市的Chang Klan主街
上,麥當勞與漢堡王之間的小巷直
走約5分鐘(Downtown Inn Hotel斜
對面)

古城店
Add 57/1 Wiang Kaew Road,
Sripoom, Ampur Muang
Tel (053)416-191／(088)804-9984
Time 10:00～22:00(最後預訂時間
21:00,非常熱門,建議事先預約) Web
www.fahlanna.com Trans 由三王廟
側面的Ratvithi路過清邁藝術與文化中
心側門後,右轉進Jabhan Rd.,接著往
前直走到Wiang Kaew路,Spa中心就
位在Jabhan Rd.街角

推薦療程:
Tok Sen + Traditional Massage,敲擊的
手法較深層,若想嘗試這個療程,要清楚
告知自己的身體狀況。Hot Oil Massage,
深層撥理又放鬆。由於這裡的設備完善,
適合選擇需要梳洗的(精油按摩後不建議馬
上沖澡)。Fah Lanna Exotic,是它的招牌
套裝療程

Tips 最適合最後一天過來按摩,可將行李
拿到這裡,按完後請免費接駁出車送你到
機場或火車、巴士站

Oasis Spa 專業頂級按摩

Oasis是開業十多年的泰國專業Spa，
在曼谷、清邁開設多家分店，無論是環
境、服務、或按摩手法都相當頂級，因
此也相當推薦在一趟旅程中，至少安
排一次這樣的按摩體驗，享受一下何謂
頂級泰國Spa服務。

推薦療程：
若剛抵達清邁想放鬆身心，最推薦的是
King of Oasis，這是壓力管理的最佳療
程，先是藥草球穴脈點案，接著是舒緩肌
理的熱油按摩，讓人按完感覺飄飄然的、
煥然一新。
女性若想著重在腹部調理的話，也可以選
擇Queen of Oasis套裝療程，這裡的排毒
療程也相當知名(Detoxification)。若不想
花費太多的話，也可以單選藥草球或熱油
療程。

Oasis Spa在清邁共有4家分店，交通最
便利的是古城區帕邢寺旁的Oasis Spa
Lanna分店。
Add (古城區)4 Samlan Road, Prasing；
(尼曼區)102 Sirimuangklajan Road,
Suthep Time 10:00～22:00 Web www.
oasisspa.net Info 線上預訂通常可享優
惠，並可詢問是否提供接送服務。若想
享受完整放鬆的假期，可考慮入住Oasis
Spa Baan Saen Doi Resort度假旅館，
詳細資訊請參見P.56

本頁圖片提供／Oasis Spa

Spa按摩好享受

女子監獄獨特按摩體驗

清邁的女子監獄竟然想到在監獄(現已搬到古城外)前的百年老木屋開設按摩中心,讓服刑人有機會在此練就一身好功夫,出獄後就不怕沒工作了。

這裡的按摩品質好又平價,因此相當熱門,但不接受預約,早上到較不需要等,下午則多需等候1～2小時。可先登記拿號碼牌,在隔壁喝咖啡或到博物館逛逛。

清邁的Lila及Women's Massage則是為出獄的

更生人開設的按摩中心,但由於這兩家開設太多分店了,因此按摩品質較不穩定。

Add 18/1 Rachvithi Rd. Tel (053)216-655 Time 08:00～16:30
Web www.chiangmaithaimassage.com Trans 由三王廟往市立藝術文化中心後面走,位於下一個街區的街角

RarinJinda高級按摩中心

清邁最知名的Spa中心之一,坐落於140年的老柚木建築中,內部以現代設計呈現出清邁氣質,這裡的按摩服務專業又溫柔,按摩手法扎實到位,還引入最新進的水療按摩池。著名的沙床按摩則是採用德國老木床,下面鋪滿最能

結合度假旅館的Spa Resort

讓人放鬆的37度溫沙石,再貼心地鋪上一層布,讓客人舒服地躺在沙床上享受最到位的泰式按摩,接著則是敲動能量的鳴鐘,最後以冰涼的玫瑰水噴灑身體。按完之後再送上美味的芒果糯米及滿桌吃到飽的點心、水果、飲料。

Add 1, 14 Chareonraj Road, T. Wat Kate Tel (053)247-000 Web www.rarinjinda.com Trans 由塔佩路走過Navarat橋左轉,經過教堂再直走,位於Deck 1餐廳對面;這區在Warorot瓦洛洛市場對岸,距離觀光夜市約10分鐘路程

新設的溫泉設施(圖片提供／RarinJinda)

>>> 超值FUN住宿

到清邁最享受的其中一件事，就是能以超值的價錢，入住特色旅館，無論你是偏好頂級奢華、創意設計、嬉遊幽默，還是公主浪漫系，清邁統統有。全家大小一同旅行，還可選擇獨棟別墅、公寓式旅館、山林中的樹屋呢！

住哪一區最適合？

古城區

全家老小一同出遊，建議住古城區，參觀景點較為方便。初次旅遊，也推薦住古城區，較能感受清邁古城的氛圍。

推薦旅館

Anatara Chiang Mai

高級型：U Chiang Mai Hotel(P.55)、Tamarind Village(P.64)、Rachahkama Secret Resort

中價位：Manon SleepEatDrink(P.71)、The Peaberry Hotel(P.62)、Sleep Guesthouse(P.72)、Early Bird House(P.70)、The Britannia(P.73)、Once Upon a Time(P.70)

經濟型：Give me 5 Hostel、60 Blue House(女性友善旅館)

塔佩路

由古城延伸出來的塔佩路上及周邊的小巷，也有許多超值旅館，這區也是相當理想的下榻地點，其中不乏一些設有泳池的Villa別墅型度假旅館，古城近在咫尺，也很適合親子旅遊。

推薦旅館

中價位：Thapae Happy House、Mo Rooms、Studio 99公寓式旅館

經濟型：The Ghee

Hotel des Artists Ping Silhouette旅館

觀光夜市周邊&平河河畔

觀光夜市周邊有許多高級及中價位旅館,雖然步行到古城約需15分鐘,但位置也算方便,可租摩托車、腳踏車代步;而平河河畔則有許多悠閒的高級度假旅館,很適合想安靜度假的情侶。

推薦旅館

高級型:Hotel des Artists Ping Silhouette、Sala Lanna、RarinJinda、平中良(Ping Nakara)、137 Pillars House、Le Meridien、Shangri-La Hotel Chiang Mai
中價位:Royal Princess

輝凱路、打銀街、尼曼路

由古城往尼曼路、素帖山方向的輝凱路周邊區域(北門外),小巷裡隱藏了許多超值的民宿。這區較適合計畫租騎腳踏車或摩托車的旅行者。而清邁門城外的打銀街Wualai周邊,也同樣有許多特色民宿,且逛週六市集很方便。古城外的尼曼路周邊,是清邁最潮的區域,有許多公寓式旅館、高級設計旅館及較有特色的中價位旅館。

推薦旅館

高級型:X2 Villa獨棟別墅、ArtMai、2Morrow Moments、Kantary Hill
中價位:1 Nimman Gallery、BED Nimman、Room No. 7
經濟型:Penny's Place、尼曼青年旅館

清邁郊區

清邁郊區山間有許多清淨的度假旅館,可以讓人一整天待在旅館內悠閒度假。

推薦旅館

清邁四季、黛蘭塔維Dhaha Dhevi(前文華)、清邁樹屋、Oasis Spa Resort

住宿費用預估

便宜的青年旅館一床200B就可輕鬆入住;一般民宿雙人房500~700B;稍微有點設計風格的約900~1,500B。通常2,000~3,000B就可住到不錯的旅館,4,000B即可入住4~5星級旅館。若想便宜享受好旅館,也可考慮9~10月(不含黃金週),旅遊淡季價錢便宜許多。

 從風格挑選旅館

★ 奢華享受

01 清邁四季有兩個泳池，上面的較大，下面的較小，接近稻田，溫度也較暖
02 林園與稻田的美麗風光，彷彿入住國家公園內
03 園內的花拼是這裡的招牌，每天都有不同的驚喜
04 早餐有泰式、日式及西式套餐，豐富啊

清邁四季（Four Seasons Resort Chiang Mai）

占地8萬多平方公尺的清邁四季，坐落於市中心北方車程約30分鐘處，這區就像台北的陽明山區，附近有些幽靜的小咖啡館及三座高爾夫球場(Summit Green Valley)，蘭花園、猴園、蛇園、老虎營等觀光景點也在此區。

清邁四季所有房間都圍繞著廣大的稻田，而且這些稻田雖然是在旅館內，但都還由當地的農民耕種著。每天早晨可看到農夫牽著牛上工，下午收工時，還會敲鑼打鼓熱鬧收場。而漫步旅館四處，就像走到一座優美的森林中，蒼綠古木、蟲鳴鳥叫……新婚蜜月或二度蜜月者，何不選擇這個天造地設的環境，慢慢享受那份安靜的甜蜜。

Add Mae Rim-Samoeng Old Road, Mae Rim **Tel** (053)298-181
Web www.fourseasons.com/chiangmai **Trans** 旅館提供每日5班免費接駁車到市區，預約到此用餐、下午茶時可詢問是否有接駁車。由市區搭計程車前往約500B
Price 房價約20,000B起，一般房型可容納3個大人或2大1小。

■ 房間

四季的房間設置當然是無庸置疑地舒適，就連廁所這小空間，都不忘做個戶外造景。不過整體空間最棒的是，每個房間都有私人涼亭，放置一把舒服的躺椅、大圓桌，讓客人躺著、坐著，毫不費力地將美景、晚霞納入眼簾。餐廳內的客人若不多，並不表示住房率低，是因為很多客人都選擇在自己的空間用餐。建議你可以在這裡慢慢享用早餐、午晚餐；當然，還可在悠閒的午後，叫份英式下午茶，讓服務人員在私人專屬空間裡，仔細為你準備最優雅的午茶時光。

房型分為標準的Pavilion及適合多人或家庭共遊的Private Residence房型。情侶或蜜月旅行，特別推薦Pool Villa房型。因為這種房型是獨立的泳池別墅，打開庭院大門，房間外面有條小水徑，服務人員完全不需經過客房，就可以悄悄到後面的池畔區設置好餐具。

01.綠油油的的戶外區 02.房間外的私人空間顯然是清邁四季提供給客人最棒的禮物 03.Pool Villa的房間都是採用Jim Thompson的產品

■ 餐廳

清邁四季內有好幾家餐廳可供選擇，Sala Mae Rim泰式餐廳的晚餐套餐，相當推薦。從前菜到主菜，道道精采又美味。這裡的服務更是專業得令人佩服。

Terraces義大利餐廳，餐點的水準同樣令人讚賞。提供客人一個度假百分百的戶外用餐環境，夜晚還可邊欣賞螢火蟲穿梭在花叢間。用完餐後，不妨到池畔邊的藍色慵懶酒吧躺著喝飲料、看星星。

另還有Chef's Table晚餐秀，一面料理，一面分享主廚20多國的豐富料理知識，整套餐共有15道菜之多，幾乎可嘗遍所有經典的泰國料理。

04.午茶的甜點也不遑多讓 05.烹飪課程位於宛如森林料理的開放式廚房 06.在房間內享用下午茶，卻彷彿置身於森林中 07.四季酒店最大的特色是人性化的服務，親切不制式，現也提供中文服務

插秧體驗可不只是學種田，還安排傳統
音樂表演及騎水牛

清邁黛蘭塔維
(Dhara Dhevi Chiang Mai)

如果說清邁四季是隱士天堂，那麼黛蘭塔維就是座會說故事的城堡村莊。因為這整座旅館就是以古城堡的概念建造的，當初特別聘請清邁最棒的建築師到緬甸、寮國、柬埔寨各國深入了解傳統建築藝術，再回來這片占地60英畝的土地，將蘭納王朝皇宮重現於世。所有小細節精雕細琢之程度，真只有令人佩服的份兒。

入住後，推薦參加免費文化行程，聽專員解說各個建築細節所代表的意義，深入了解蘭納文化的奧妙之處，例如：入口處的木橋，只要有車輛經過，就會發出吵雜聲，警告內部有人來囉！走入古城門是一段顛簸的石板路，因為接待大廳猶如天堂，而通往天堂之路，本就不易。旅館內還設有寺廟、工藝品商店街、圖書室、小咖啡茶館、工藝村，甚至還有稻田，讓客人親自站在水田中插秧、騎水牛。活動也不只是活動，旁邊的小木亭還有農夫拿著古琴唱山歌呢！入住於此，彷彿生活在世外桃源中。

住客早上06:45～07:15還可體驗和尚化緣文化，週五、六17:00～19:00在大草坪上會舉辦傳統市集，咖啡館週六、日13:00～18:00為自助式甜點，並有現場爵士樂表演，這裡的茶室的馬卡龍很受好評(市區的Maya也有分店，是很棒的伴手禮)。

Add 51/4 Chiang Mai-Sankampaeng Road Moo 1 T. Tasala, A. Muang **Tel** (053)888-888 **Web** www.dharadhevi.com **Trans** 距離市中心跟機場約20～30分鐘車程，計程車費約200B，到尼曼區約200～250B **Price** 20,000B起

↑古色古香的浴室
←溫馨又舒適的臥房

■ Dheva Spa and Wellness Centre

黛蘭塔維的Spa一向以印度醫生進駐聞名，所有原理都以古老的印度醫學Ayurveda為基礎。可以先讓醫生診療你的生活習慣，判斷你需要哪種療程，並給予健康養生建議。

Spa中心的建築仿照古代的曼德勒皇宮而建，以古色古香的皇家待遇來接待每位客人。黛蘭塔維也有蘭納鐸森療程，療程中使用的木槌是以老羅望木特製而成，而且只採用自然的力量所劈斷的木頭，完整保留來自大自然的能量。

01.Spa中心的接待處 02.尊榮備至的服務 03.健身房有專業教練。飯店每天都有提供不同的體驗活動，讓你整天待在館內都不無聊 04.水療池（以上圖片提供／Dhara Dhevi）

■ 餐廳

其實，黛蘭塔維飯店的老闆一開始只是在此開了間The Grand Lanna餐廳，但他常捨不得讓客人快樂用餐後就得離開，後來乾脆將後面的土地也買下來，建造出這座旅館。

這家泰式餐廳還有精彩的晚餐秀，並不一定要點套餐，也可以單點的方式(a la carte)選擇自己想吃的料理，特別推薦主廚特調沙拉，那清爽滋味，還真只有在這裡才吃得到。另外，泰北前菜拼盤、大頭蝦料理等也相當推薦。這間餐廳算是清邁最棒的餐廳之一！

建議即使不住黛蘭塔維，也可到此享用晚餐和看秀，體驗備感尊榮的五星級專業服務。

05.黛蘭塔維是從這家餐廳開始的 06.咖哩螃蟹 07.文華主廚特調的芒果蝦沙拉 08.泰北前菜拼盤 09.泰北著名的咖哩雞麵

清邁 Chiang Mai

137 Pillars House傳奇奢華旅館

從旅館的名字看來,大概可以猜出這應該是一家有故事的旅館。是的,旅館內歷史老建築,便是《安娜與國王》的家庭教師安娜的兒子,1889年所開設的East Borneo公司所在位置。這棟歐洲殖民風柚木老建築共由137根木樁支撐而成,因此旅館取名為137 Pillars House。其他建築也都承襲這棟老建築優雅的殖民風格,融入現代設計元素,營造出舒適、寧和、又有文化特色的休憩環境。

旅館的軟體方面更是用心,除了提供管家式個人化服務外,更希望能將泰國最美的文化帶給賓客。例如:潑水節時,旅館會準備香粉,解釋其意義。還特別為中文遊客準備了中文歡迎信、菜單、電視頻道、報紙、茶等。若有小朋友同行,晚上可準備故事書,入住時間較長者,也會事先將玩具備放在房間裡。

更有趣的是,旅館的總經理就像位藝術家,認識許多奇人,因此他將冠軍調酒師延攬到旅館酒吧,創造出有趣又好喝的飲料;有興趣深入了解泰北文化的話,也可請旅館代為安排清邁大學教授進行文化導覽,或參加最具文化特色的烹飪課程;每個月第一個週日還推出早午餐,並聘請國際知名的爵士樂隊現場表演。

Add 2 Soi 1, Nawatgate Road, Tambon Watgate, Muang Changmai **Tel** (053)247-788 **Web** 137pillarschiangmai.com **Trans** 若由塔佩路過來,過橋後左轉,沿Charoen Rajd Rd.直走,轉進Gallery餐廳對面的小巷即可到旅館的指標,沿指標繼續往前走。旅館也提供嘟嘟車接駁。 **Price** 12,500B起

01. 開放式接待大廳 02.承襲優雅殖民風的休憩環境 03.高級房內的浴室寬敞到可放張沙發 04.高級房內還有私人戶外浴池 05.所有小細節營造出優雅的文化氛圍 06.小巧的游泳池 07.傍晚可到此享用獨創的雞尾酒

01、02.享有最佳地點的靜謐度假中心 03.Superior房型的空間不大,但整體設計散發現代泰北風,坐在陽臺即可享受戶外的綠 04、05.附設餐廳即提供各種泰北特色菜及經典泰菜

U Chiang Mai Hotel
地點最佳的古城優雅度假旅館

整體風格為重新演繹過的泰北現代風,房間內部以傳統生活用具裝飾,並提供現代化的舒適設備。這家旅館最大的特色之一,就是所有房間均設有陽臺,3樓以上的房間還可眺望古城風光。

所有U Hotels旅館均為24小時住宿時間的計算方式,每次入住可享1次任何時間、地點的早餐服務,並提供免費單車、瑜珈、練跑課程。接待處保留原本的150年老屋原建築,2樓為優雅的閱讀室及按摩中

心。按摩手法相當棒,尤其推薦Thai Lanna按摩,手法以按壓穴脈為主、撥抓肌理為輔,腹部、頭部、及臉部的按摩手法也相當棒。住客的折扣價格是出奇地合理。

若不想出門用餐,旅館附設的餐廳提供泰式及西式餐點,料理水準很不錯,就連咖哩麵都相當受好評。樓上的酒吧區最適合在此悠閒享受飲品。

由於旅館就位於古城主街上(週日市集),地點一級棒,再加上房間數不多,常客滿,最好先預訂。旅館也特地保留幾間泳池房給透過官網預訂的賓客。

Add 70 Ratchadamnoen Road, Sri-Poom, Muang **Tel** (053)327-000
Web www.uhotelsresorts.com/uchiangmai

Oasis Baan Saen Doi Spa Resort 豪宅社區度假旅館

Oasis是泰國知名的頂級Spa品牌,他們希望客人享受完Spa療程後,可在一個完全放鬆的度假環境中休息,因此特別選擇在清邁郊區的豪宅社區中,打造一座小型的Spa Resort。

由通往夜間動物園的大馬路轉進社區小路,即見一座座優雅的獨棟豪宅,度假旅館分為兩區,一為僅9間房的住宿區,對面則是按摩中心。整體設計風格充滿了悠悠的泰北風,綠葉在白牆上搖曳著,鳥語花香的靜謐環境,按完專業又放鬆的療程後,靜立於這樣的環境,真正瞭解了Oasis打造這座Resort的細膩心思。

Add 199/135 (Baan Nai Fun 2) M. 3, T. Mae Hia, A. Muang **Tel** (053)920-199 **Web** www.oasisluxury.net **Trans** 由古城區搭計程車或雙條車,約300B

01. 隱於豪宅社區的小型Spa度假旅館 02.享受頂級按摩後,即可回房繼續休息,真正達到完全放鬆的效果 03、04.房間設置寬敞而舒適,並充滿了泰北文化觸感(圖片提供／Oasis Spa)

周邊旅遊路線建議

Oasis Spa Resort非常靠近夜間動物園Night Safari，住在這裡，同樣可悠閒享受清邁假期，建議：15:30Check in入住→按摩→皇家花園Royal flora garden→黑森林餐廳用餐→夜間動物園。

隔天可到當地市集逛逛，或騎乘121道路舒暢的單車路線。又或者，到蘭納建築風格的Kad Farang Village商圈(泰國人普遍稱外國人為Farang，這區是外國人的聚居區，多家國際學校設於此)，這裡有間蘭納風格的星巴克，旁邊就是Premiere Outlet(雖然多為運動品牌及中價位的當地品牌)。最後回旅館附近的Nic's餐廳用餐(市區著名的The Good View及Huen Phen餐廳在這區也設有分店)。

下午入住旅館

享受按摩療程

(圖片提供／Oasis Spa)

戶外悠閒遊園

心曠神怡的戶外休閒環境，可租單車遊園，傍晚許多人到此跑步

黑森林餐廳用餐

令人哇哇哇叫不停的黑森林餐廳

夜間動物園

豐富的節目讓大人小孩都玩得很開心(詳見P.128)

當地市集／121路單車道

隔天早上騎單車到當地市集及121路(旅館提供免費單車，附近道路設有單車道)

蘭納風商圈

蘭納風星巴克、Outlet逛街

Nic's餐廳

Nic's餐廳用餐。餐廳內設有各種親子遊樂設施

清邁 Chiang Mai

★設計旅館

Hotel des Artists Ping
Silhouette 河濱藝術旅館

位於瓦洛洛市場對面的小型設計旅館，恰如其名，在綠意盎然的庭園內，能欣賞悠悠平河的身影。

由於這區是以往的貿易商人集中區，其中也有許多中國商人，因此融合了泰國及古中國風，在光影的透射下，讓人彷彿走入一個曾經的年代。擺飾也相當精巧，遊走於旅館內時，總會受到一些小巧思所吸引。

房間主要分為3種房型：River room 房間最大，住起來最為舒服；Willow room 較具私密性，適合情侶入住；Seren room 為標準房型，空間較小一點。

另也相當推薦旅館優雅靜逸的咖啡館，可一面享用茶點，一面欣賞眼前的如茵綠地與垂柳。外客也可來用早餐，這裡的班迪蛋做得很不錯，飲品的價位相當合理。

01、02.結合了泰國及中國風的河濱設計旅館 03.旅館內細緻的布置，最是令人讚賞 04.2樓頂的小泳池 05.優雅的河濱茶室

Add 181 Chareonraj Rd, Wat Kate **Tel** (053)249-999 **Web** www.hotelartists.com/pingsilhouette

周邊旅遊路線建議

參觀斜對面的古寺Wat Ket Karam(以往華僑商人建造的15世紀古寺)及骨董博物館；接著從廟宇的另一個出口走出來，右轉直走再左轉，就可到137 Pillar House精品旅館，再直走就是甜點做得非常棒的Hinlay curry house；鬆餅對面巷子裡有老屋日本料理Kitchen Hush，蘭納秀餐廳Huan Ka Chao也在附近。 這條巷子直走出去到主街，再右轉直走，就可看到Prince Royal's College對面超好吃的2B沙嗲。

Anatara Chiang Mai Resort & Spa
(原Le Chedi)品味設計旅館

若不想遠離市區,又想入住氣氛悠閒的精緻旅館,那麼位於河濱的Anatara Chiang Mai或許也是不錯的選擇。腹地比一般河濱旅館大,因此設施及悠閒度假的氣氛也較足。

這家旅館同樣大量採用自然元素,將庭園中的綠意與河濱的悠閒融入旅館氛圍中。房間只分兩種房型,較高級的Executive房型,其空間是Deluxe標準房的2倍大,房內Mini Bar的東西可免費享用,並提供咖啡機。最棒的是,這裡的服務人員會記住客人的喜好,適時給予適當的服務。

坐落於旅館老屋的1923餐廳深受西方遊客喜愛,價位也是歐美價。晚上的河濱用餐區氣氛浪漫。

123 เจริญประเทศ

Add 123 Charoen Prathet Road
Tel (053)253-333 **Web** chiang-mai.anantara.com **Trans** 由觀光夜市尾巴的Sri Donchai Rd.往河濱方向直走到底,步行約10分鐘路程;或轉進麥當勞與漢堡王之間的小巷直走(過Downtown Inn Hotel),到Charoen Prathet Rd.大馬路直走約5分鐘 **Price** 8,000B起

好可愛的巧思、貼心小設計

01.不想被打擾,請掛噓聲木牌;想整理房間,請掛小掃把 02、04.餐廳及下午茶位於旅館這座古色古香的濱河老宅中 03.悠閒的河濱度假旅館

D2歡樂設計旅館

D2隸屬於泰國老旅館集團Dusit，以Dusit年輕第二代的概念取名為D2。因此整座旅館散發著年輕設計感，讓客人所到之處，均能感受到Fun & Surprise。而且年輕活力不只在硬體設備而已，所有服務人員也都充滿了活潑的朝氣，敬業又有禮。旅館的位置也很棒，就位在熱鬧的觀光夜市主街上。

Add 100 Chang Klan Road, Tambol Chang Klan, Amphur Muang **Tel** (053)999-999 **Web** www.dusit.com/dusit-d2 **Price** 3,000B起 **Info** 位於觀光夜市街上，價格合理，算是很超值的選擇

01、02.大廳
03.泳池
04.房間設計處處可見一些讓人莞爾的小驚喜，另也提供枕頭選單
05.試管狀的盥洗用品
06.獲獎肯定的餐廳

隔壁的艾美酒店Le Meridien屬於CP值高的高級旅館，brunch最受肯定。

高雅的清邁艾美酒店Le Meridien

Mo Rooms中價位設計旅館

共有12間房間，房內以12生肖的動物為設計主題，每間皆有不同的創意。缺點是床小，雖是雙人房，但最好是可以抱在一起睡的雙人再去住，否則可能會覺得床的空間不足。但即使不住這裡，也可以過來這裡的餐廳喝飲料、用餐。

Add 263/1-2 Tapae Road, Chang Klan **Tel** (053)280-789 **Web** www.morooms.com **Price** 2,800〜4,000B **Info** 位置相當好，就在主街塔佩路上，靠近塔佩城門

> 每間房間的風格各異，可先上網選擇自己喜歡的房型

Rooster房型

Sala Lanna河濱精品旅館

位於河濱的四星級旅館，設計為俐落的現代蘭納泰北風格，房間承襲同樣的風格，明亮輕快。乾季時頂樓的酒吧為熱門的餐前酒地點。

↑俐落的現代蘭納泰北風格
←房間布置簡單舒適

Add 49 Chareonraj Rd, Wat Kate **Tel** (053)242-588 **Web** salaresorts.com/lanna

★ 泰北風格

The Peaberry Hotel

不用花費太多錢，也可以入住有品味的泰北風旅館，位於古城邊的The Peaberry就是這樣一家旅館。

房型除了標準房外，另還有較大的Deluxe房及家庭房。所在位置也相當便利，到古城各大景點均可步行參觀(也提供單車)，過護城河即可通往素帖路、輝凱路及尼曼路，不過也因此靠近大馬路的房間會比較吵。

旅館主人相當注重每位客人住宿的舒適度，努力照顧客人的需求，服務的部分相當令人讚賞。

01.中庭休憩區 **02.**公共區域的藝術擺設也相當有品味 **03.**房間的整潔度沒得挑剔 **04.**早餐用餐地點

Add 11/1 Arak Road, Sriphum, A Muang, Sri Poom **Tel** (053)217-888
Web www.thepeaberrychiangmai.com **Price** 約1,700B

See You Soon迷人民宿

位於古城正中心的See You Soon民宿，布置雖為泰北風，但同時又流露出一股讓人無法抵擋的浪漫風情。1樓為咖啡用餐區及精選禮品店。民宿距離各知名景點及週日市集都很近，是古城相當理想的住宿地點。

01.樸質中又顯浪漫的泰北風民宿 **02.**1樓為咖啡用餐區
03.禮品店精選最具泰北特色的優質商品

Add 97 Prapokklao Prasingha Tambon Phra Sing **Tel** (081)880-8380

Baan Hanibah優質民宿

坐落在清邁古城內一處安靜角落，一踏入綠藤垂簾的木門，進到小巧溫馨的老柚木屋，便可立刻感受到滿滿的泰北迷人風情。

Baan Hanibah為古城內開設多年的特色民宿，一直以濃濃的泰北風布置及親切的服務著稱，因此有許多客人一訪再訪。民宿的地理位置也相當便利，距離清曼寺及傳統市場均不遠，而且這區堪稱是古城內最棒的背包客區。

Add 6 Soi 8, Moonmuang Rd.
Tel (053)287-524
Web www.baanhanibah.com

01

02

03

04

Tamarind Village傳統悠閒風

旅館雖位於古城正中心，但整體環境卻綠意
盎然，讓人一踏進沁涼的竹林小徑，就好像
可以將所有喧囂拋諸腦後。旅館內部巧妙地以泰北少數
民族布料及當地材料點飾，布置出宜人、放鬆的環境。內
院還有一棵老羅望子樹，在此守護了兩百多年，這也是
Tamarind Village名字的來源。

此外，旅館位置非常好，就位在古城主街上，也是週
日市集的所在地點，更便於參觀古城各景點。

01.旅館名稱取自這棵兩百多年的老羅望子樹。泰國傳統節慶
都會加以布置，讓賓客體驗當地文化 02.旅館共有42間房及3間
高級套房 03.小巧悠閒的住宿環境 04.一進門便是清雅的竹徑

Add 50/1 Rajdamnoen Rd., Tambon Sri Pum, Amphoe Muang **Tel** (053)418-896 **Price** 4,500B起
Web www.tamarindvillage.com **Trans** 由塔佩門直走進古城，旅館就位在Wawee咖啡館斜對面

1 Nimman Gallery Hotel

旅館內部將泰北的樸實元素,靈活地轉換到現代設計中,一點也
不顯沉重的傳統風格,營造出舒適又獨具特色的中價位住宿環
境。此外,旅館位於尼曼路區,晚上可在這區的餐廳或夜店享受愜
意的清邁夜。

獨特的泰北優雅風格

Add 10, 12 Soi 1 Nimmanhemin Rd. **Tel** (089)
633-2573 **Price** 1,500B起 **Trans** 位於尼曼路1
巷,轉進去約2分鐘即可抵達

Rom Po平價泰北風旅館

Add 16 Soi 3 Thaphae Rd.
Tel (053)274-942
Fb Rom Po Boutique Hotel
Price 雙人房800B起

大量運用木質天然元素打造的泰北風民宿,充滿清邁
的恬淡風格,價格也算輕鬆。旅館就位於塔佩路的小巷
內,可步行到古城及觀光夜市。靠近觀光夜市還有另一
家Kampaeng Ngam Hotel,性價比也不錯。

01.房間簡單舒適 02.較靠近觀光夜市的Kampaeng Ngam Hotel
03.平價但又充分呈現出泰北風的小精品設計旅館

★ 親子最適

X2私人度假別墅(X2 Resorts Chiang Mai)

若是全家或一群好友、幾個家庭同遊,想找個無人打擾的私人空間,那麼X2會是很棒的選擇。X2目前在清邁共有3個點,都是獨棟別墅,規模與設計風格均不同。

X2 Chiang Mai North Gate Villa最靠近古城區,在輝凱路Central百貨附近的小巷,較為便利,且為百年的傳統泰北木屋改建的5房別墅,非常清邁!另也提供免費單車、機場接送及內部停車場。

附近還有一家X2 Chiang Mai Nimman Villa,位於尼曼路11巷的時尚設計別墅,地點很棒,有3~7房的別墅可以選擇。

人數較多者,也可考慮X2 Chiang Mai South Gate Villa。占地廣大,共有3棟獨立屋,最多可入住11人。位置雖然較偏,不過也較為幽靜,設有小泳池及完善的廚房,可在此悠閒體驗清邁在地生活。

Add 1/10 Soi 2, Manee Nopparat Road (North Gate Villa) **Tel** (095)824-0447
Web x2resorts.com/villas/chiang-mai
Price 五臥別墅約25,000~40,000B

01.以泰北現代藝術布置,相當討喜、舒適 **02.**從一些老窗戶及老設計,還可認識泰北人的傳統生活智慧 **03.**寬敞的客廳 **04.**悠閒的戶外空間 **05.**兒童房

清邁樹屋(Rabeang Pasak Chiangmai Treehouse Resort)

你是否曾夢想過能跟湯姆一樣,住在樹屋,閒來跳進溪裡玩水?清邁郊區的樹屋就是個能夠一圓湯姆夢的地方!

樹屋的創辦人原本是學建築的,住在山上一段時間後,開始在大樹上蓋起樹屋來,每次有人經過,總會好奇地停下來看看,後來越蓋越多,就跟女兒開始做起樹屋度假村來了!

每一間樹屋的設計都不一樣,不怕高的,可以選擇視野最好的Tamarind House。若有長者,可以選擇較低的樹屋(如Star Family House)。有些樹屋的開放空間較多,裡面還有大樹幹(如Moon House);有些則靠近溪邊,從房間可以直接去泡腳。雨季時也可以去住樹屋看螢火蟲喔!

Add Pasak Ngam Village, Luang Neua, Doi Saket **Tel** (053)317-422 **Web** www.chiangmaitreehouse.com **Trans** 樹屋距離古城約80公里,開車要1.5小時。可請旅館接送,回程也可選擇搭船+搭車的方式。也可租車開過來,路況很好 **Price** 2,000B起

01.讓人一圓湯姆夢的樹屋 02.樹屋雖然真的在樹上,不過房間可是相當舒適 03.完善的衛浴設備(有些還有浴缸) 04.有些房型還有沙發及大平台 05.有些樹屋裡還有樹幹,小朋友在裡面爬上爬下,玩得不亦樂乎 06.樹屋周圍就有條沁涼的小溪,免費提供抓魚蝦的工具 07.樹屋位在山上一個人口稀少的小村莊,建議直接加購晚餐 08.除了可在樹屋的小溪玩水外,也可騎單車到附近的日落點看日落 09.趕快預約個慵懶又好玩的假期吧

RarinJinda Wellness Spa Resort

RarinJinda是清邁著名的Spa按摩中心，同時也是優質又悠閒的度假旅館。以整體環境、設施及地點來講，是小資族及全家大小到清邁放鬆度假的好選擇。

這座度假旅館位於觀光夜市斜對面的平河邊，整體風格既顯泰北風，又有現代舒適設備。在體現泰北悠古美學的接待處登記入房後，走到庭院，一映入眼簾的便是清涼的泳池及綠園。1樓的池畔房可讓住客直接從房間的陽臺跳入泳池，頂樓最高級的RarinJinda Villa則設有隱密又寬敞的露天按摩浴池。

01. Spa按摩中心還設有溫泉設施 **02.**房間布置簡潔舒適 **03.**外部泳池、綠園，營造出放鬆的度假氛圍 **04.**接待處充滿泰北的幽古氣息

Add 14 Charoenraj Road, T.Watkate, Muang **Tel** (053)303-030 **Web** www.rarinjinda.com
Price 4,800B起 **Trans** 就位在平河邊，由塔佩路過來，過橋後馬上左轉，過教堂即可看到

清邁香格里拉
Shangri-La Hotel

清邁香格里拉位於市中心，但卻有一大片庭園及游泳池。客房共有3種房型，布置溫馨甜美，且均提供免費無線網路。推薦住行政套房，可享Horizon Club專屬的入住和退房服務及免費Happy Hour雞尾酒。餐廳所提供的自助式午餐價位合理，另還有知名的Chi Spa。

Add 89/8 Chang Klan Road, Night Bazaar **Tel** (053)253-888 **Web** www.shangri-la.com/en/property/chiangmai **Trans** 由觀光夜市直走約10分鐘 **Price** 5,000B起

01.腹地廣大的庭園泳池區，很適合親子旅遊 **02.**房間布置相當典雅 **03.**只要入住高級房，即可免費享用Horizon Club的茶飲(以上圖片提供／清邁香格里拉酒店)

★ 浪漫優雅

01、02.白色浪漫的建築外觀 03、04.早餐精緻、菜色豐富 05.在此慵懶享受假期吧 06.優雅度假的理想選擇 07.布置雅致的房間

平中良精品旅館
Ping Nakara Boutique Hotel & Spa

平中良位於平河邊較靜謐的一區,整座旅館的布置在靜雅中帶著一絲浪漫,讓賓客感受到全然優雅的入住經驗。

旅館所在位置曾是柚木業者的聚居地及林木棧道,旅館設計也承續這樣的歷史背景,打造出東西方結合的風格,悠靜的老風扇下,放置著一把把手工打造的獨特骨董桌椅,閱讀室裡放著各類書籍,讓人直想慵懶地在此坐上一整個下午。

Add 135/9 Charoen Prathet Road, Amphur Muang **Tel** (053)252-999 **Web** www.pingnakara.com

Once Upon a Time

這座小型精品旅館位於古城小巷內，
業主本身就是建築師，將旅館取名為
「Once Upon a Time」，因為自己曾經
有許多美好的旅遊回憶，希望客人入住
於此，也能在這趟旅行中，留下不想結束的美好時刻。

Add 1 Samlarn Road Soi 6, Mueang Chiang Mai **Tel**
(053)904-199 **Web** www.onceuponatimechiangmai.
com

Early Bird House風格民宿

這家民宿是由幾位有理想的年輕人一起開設的夢
想地，提供溫馨的住宿環境。民宿就位於古城中
心，之所以取名為早起的鳥兒，是因為他們認為早
起的清邁客人，有機會體驗僧侶施齋的文化、有機
會享受清邁寧靜的另一面，還有機會享用他們所
準備的豐富早餐。

Add 1 Prapokklao Road, Soi 8, Prasingh **Tel**
(053)206-086／(085)863-5334 **Web** www.
earlybirdhouse.com **Price** 1,400B **Trans** 由塔
佩門走進古城主街Rajdamnoen Rd.，往路底的
帕邢寺方向走，左轉進Prapokklao Rd.，再轉進
隆聖骨寺(Wat Chedi Luang)對面的小巷直走便
可看到

清新又溫馨的住宿環境

⭐ 超值旅館

Penny's Place台灣民宿

大又舒服的雙人床

清邁有這家由台灣人管理的民宿真是一大福音。因為這裡不但中、英、泰文都通，房間無比乾淨又舒適，管理嚴謹、安全。最棒的是，管理者很願意分享當地的生活旅遊資訊，房價又相當合理。不但有日租，還有月租，很適合在這裡Long Stay。這區雖然不在古城區，但騎車僅需10分鐘，到尼曼區僅需5分鐘，到動物園區也約10～15分鐘。附近還有YMCA學習中心、ITM按摩學校、NES泰英語言學校。(請參見P.133)

Add 53 Santisuk Road Changpheuk **Tel** (053)224-735，(081)618-7776 Web pennyscasa.com **Price** 風扇雙人房350B，旺季450B；冷氣房450B，旺季600B(旺季12/25～翌年1/2及4/12～16) **Info** 有些雙條車司機不知道旅館地點，建議直接打手機給旅館人員，請他與司機溝通走法

房間設施雖簡單，也已足夠舒適休憩

Manon SleepEatDrink

地點超棒的平價住宿，就在帕邢寺斜對面，週日市集街底。設計風格簡單清新，主人也用心款待賓客，雖然有些小缺點，像是房門較難關，但整體來講，還是非常推薦的一家超值旅館。

Add 13/3 ซอย 7 Amphoe Mueang Chiang Mai **Tel** (087)915-7736 **Price** 雙人房約800B

位於帕邢寺斜對面，
參觀各大景點超便利

Baanpordee民宿

在市中心小巷內還有另一家
小民宿，綠意盎然的悠閒平價
旅館，也相當推薦，是逛週日
市集最佳的入住選擇之一。

Web baanpordee.com

Sleep Guesthouse設計民宿

Add Moon Muang 7 A Alley, Amphoe Mueang Chiang Mai **Price** 900B起

位於古城最佳背包客區的Sleep，是由英國及泰國夫婦共同開設的經濟旅館，主人親切熱情，一進門就有賓至如歸的感覺。

房間雖然簡單，但仍顯些微的設計質感。最讚賞的是使用動線規畫得非常好，轉身需要掛毛巾就有個掛鉤，洗臉台大，方便放置盥洗用品。

早餐時間隨客人起床時間，既然是來清邁放鬆的，當然不要求客人還要設鬧鐘吃早餐囉！

01、02.略顯英國
工業風的平價住宿
03.隨時起床都可享
用早餐 04、05.房間
內的動線設計得非
常好

其他平價旅館

■ Studio 99公寓式旅館

位於塔佩路交接的小巷內，價格也相當合理(servicedapartmentschiangmai.com)。

■ The Ghee平價旅館

同樣在塔佩路小巷內，往觀光夜市或古城皆便利。

另一家新開的旅館Thapae Happy House也相當推薦(www.thapaehappyhouse.com)。

■ Bluse House 60

古城靠近清邁門的幽靜小區，為女性友善的平價住宿，為女性旅遊者提供一個可安心入住的環境。

■ The Britannia 老字號民宿

Sleep附近的老字號平價旅館，無論現在有多少新潮旅店，這裡仍一貫以乾淨無比的房間招待客人。價錢比青年旅館多一點點，就能享用乾淨的私人房(www.thebritannia-chiangmai.com／700B起)。

這種不帶廚房設備的、但每天有人清掃的公寓式旅館，一個月約6,000B

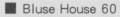

月租公寓

■ 月租公寓

許多歐美、日本遊客喜歡到清邁居遊幾個月、甚至到此退休。若你也想居遊的話，可以考慮租公寓，一個月租金約5,000〜15,000B。古城區小巷內有許多小旅館提供月租房，輝凱路Central百貨附近及尼曼區則較多現代化公寓。台灣人管理的Penny's Place也提供月租房，此外再提供幾家月租公寓：

Chiang Mai Lodge 就位於Central百貨對面，地點便利。(www.chiangmailodge.net／4,500B起) **Ban Jed Yod** 房間及公共設施均很完善。(www.banjedyod.com／7,000B起) **Kantary Hills Chiang Mai** 位於尼曼區的高級月租公寓(www.kantarygroup.com/kantaryhills-chiangmai／36,000B起)

■ Baan Thai高級公寓

尼曼區的高級公寓，地點、安全及環境都很值得推薦(www.v-oneasset.com)。尼曼路17巷Bed旅館後面也可找到幾家平價的公寓。

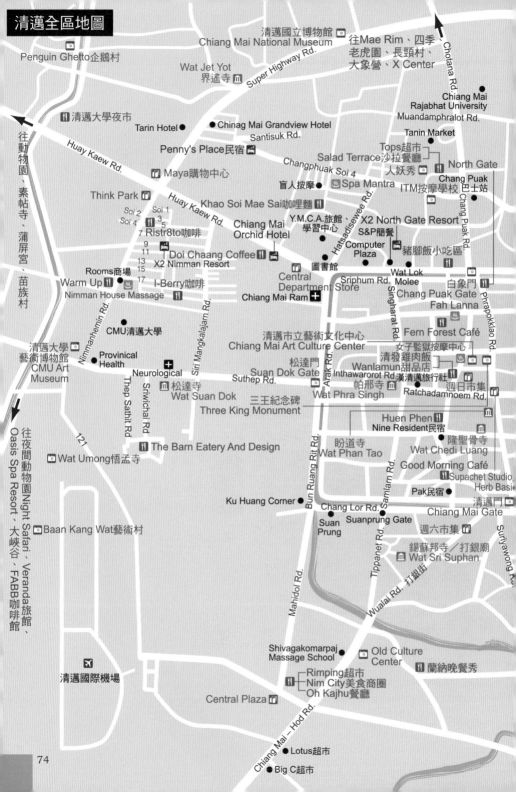

清邁全區地圖

Penguin Ghetto企鵝村

Chiang Mai National Museum
清邁國立博物館

往Mae Rim、四季
老虎園、長頸村、
大象營、X Center

Chiang Mai
Rajabhat University
清邁
Muandamphralot Rd.

Wat Jet Yot
界遙寺

Super Highway Rd.

Chotana Rd.

清邁大學夜市

Tarin Hotel

Chinag Mai Grandview Hotel
Santisuk Rd.

Tanin Market

Tops超市
Salad Terrace沙拉餐廳
人妖秀
North Gate

Huay Kaew Rd.

Penny's Place民宿

Changphuak Soi 4

Chang Puak
巴士站

Maya購物中心

盲人按摩

Spa Mantra

ITM按摩學校

Chang Puak Rd.

Think Park

Huay Kaew Rd.

Khao Soi Mae Sai咖哩麵

Y.M.C.A.旅館
學習中心

X2 North Gate Resort

往動物園、素帖寺、蒲屏宮、苗族村

Soi 2 Soi 1
Soi 4   3 5
7 Ristr8to咖啡
9
11
13 Doi Chaang Coffee
15 X2 Nimman Resort
17

Chiang Mai
Orchid Hotel

Hatsadisewee Rd.

S&P簡餐

Computer
Plaza

豬腳飯小吃區

圖書館

Wat Lok

Rooms商場

I-Berry咖啡

Central
Department Store

Sriphum Rd. Molee

Warm Up

Nimman House Massage

Chiang Mai Ram

白象門
Chang Puak Gate
Fah Lanna

Nimmanhemin Rd.

CMU清邁大學

Singharat Rd.

Fern Forest Café

Provincial
Health

Siri Mangkalajam Rd.

Chiang Mai Art Culture Center
清邁市立藝術文化中心

女子監獄按摩中心
清發雞肉飯

清邁大學
藝術博物館
CMU Art
Museum

Neurological

松達門
Suan Dok Gate

Arak Rd.

Wanlamun甜品店
Inthawararot Rd.漢清邁旅行社
帕邢寺

週日市集

Thep Sathit Rd.

Sriwichai Rd.

松達寺
Wat Suan Dok

Suthep Rd.

Wat Phra Singh

Ratchadamnoen Rd.

121

三王紀念碑
Three King Monument

Huen Phen
Nine Resident民宿

The Barn Eatery And Design

盼道寺
Wat Phan Tao

隆聖骨寺
Wat Chedi Luang

Wat Umong悟孟寺

Good Morning Café

Supachet Studio
Herb Basi

往夜間動物園Night Safari、Veranda旅館、Oasis Spa Resort、大峽谷、FABB咖啡館

Bun Ruang Rit Rd.

Ku Huang Corner

Chang Lor Rd.

Pak民宿

清邁門

Suan
Prung

Suanprung Gate

Samlarn Rd.

Chiang Mai Gate

Baan Kang Wat藝術村

Tippanet Rd.

週六市集

錫蘇邦寺／打銀廟
Wat Sri Suphan

打銀街

Mahidol Rd.

Wualai Rd. 打銀街

Suriyawong Rd.

清邁國際機場

Shivagakomarpaj
Massage School

Old Culture
Center

蘭納晚餐秀

Rimping超市
Nim City美食商圈
Oh Kajhu餐廳

Central Plaza

Chiang Mai – Hod Rd.

Lotus超市

Big C超市

往Lanna Mantra Hotel
Kam Thieng花市
Lotus超市
往Mae Jo高爾夫球場
Thep Panya
觀光警察
Wawee咖啡　JJ Market農夫市集
Central Festival購物中心
Khao Soi Samer Jai咖哩麵
Faham Rd.
Wat Faham
Patana Chang Puak Rd.
Khao Soi Lamduan Faharm咖哩麵
Arcade
長途巴士站
家樂福
Wangsingkham Rd.
Assadaton Rd.
Muang Samut Rd.
Lanna Cultural Center
表演中心
Rattanakosin Bridge
Kaeo Nawarat Rd.
Bumrungrat Rd.
ok Somphet
Sriphum
Corner
清邁市政廳
TCDC設計中心
British Council
Vitchayanon Rd.
White Chedi
清曼寺
Nakorn Ping
Bridge
Charoenrai Rd.
Woo Cafe-Art Gallery-Lifestyle Shop
Sompet
Vieng Joom On茶店
137 Pillars House
Moon Muang
Khotchasan Rd.
Warorot瓦洛洛市場
The Good View
漢清邁旅行社
塔佩門
Riverside
Thapae Gate
Raming Tea House　Rarinjinda Spa / Hotel
Thapae Rd. 塔佩路
Siam Celadon茶店
泰拳場
Mo Rooms
Nawarat Bridge
Night Bazaar觀光夜市
Charoen Muang Rd.
awee
offee
Super Rich
匯兌處
Fah Lanna
Massage
Kawila
拳擊場
郵政總局
Tamarind Village
Loi Kroh Rd.
Iron Bridge
Rim Ping
火車站
Loi Kroh Massage
Chang Kian Rd.
Kong Sai Rd.
Pantip Plaza商場
Wat Sri
Don Chai
Anatara Chiang Mai Resort & Spa
Katam Corner
Yaang Come
Village
Rakeang Rd.
香格里拉
Changklan Rd.
Charoen Prathet Rd.
3D藝術博物館
Chiang Mai – Lamphun Rd.
Namton's House Bar酒吧
往清邁黛蘭塔維度假旅館、製傘中心、三甘烹區、Sankamphaeng溫泉、長臂猿叢林滑翔、大樹咖啡、當代藝術館

Chiang Mai Land Rd.

古城區

古寺✕隱巷✕悠活

本區概覽

由方正古城牆及護城河圍繞的清邁古城，古城內共有三百多座雅致的古寺，信奉佛教的泰國也用心保留古城，因此無論城外的購物中心有多時髦，古城仍是自顧自地悠哉過著老日子，清晨還可看到民眾跪在地上虔誠地向和尚奉食、接受祝禱。

主街為Ratchadamnoen Rd.及與之交叉的Phrapokklao Rd.，也就是塔佩門到帕邢寺及三王紀念碑前的街道，週日市集也在這兩條路上。由清邁門延伸出去則是知名的打銀街(烏萊路)。

必遊清單：
週日市集、盼道寺、帕邢寺、隆聖骨寺(柴迪隆寺)、打銀廟及週六市集(清邁門外)、烹飪課程(或郊區有機農場烹飪課程)

本區交通

「單車」最理想：古城各景點雖都在步行範圍內，不過大熱天走路還是辛苦些，騎單車最是理想。許多旅館民宿提供免費單車，或租單車一日50B起。

「雙條車」最便捷：猶如私營公車，隨招隨停，古城內一趟為20B。若是老少共遊，不方便步行太久，且需要參觀多個景點，可考慮跟雙條車司機談包車參觀各景點的價錢。(詳細搭乘資訊請參見P.187。)

「嘟嘟車」最獨特：類似計程車的形式，因此費用較高。短程可考慮搭嘟嘟車，速度較快，但需自己跟司機講價。

六大古城門

1296年明萊王(Mengrai)定都清邁後，這1,800公尺×2,000公尺的矩形城市，便是以星象及軍事考量規畫，並依此建造了古城牆及護城河保衛古城。

清邁古城共有6座，除了塔佩門及4個城角為1975年重建的，其他城門仍為七百多年前的老城門。現在清邁古城牆雖已不完整，但光是想到進出古城仍是從七百多年前所造的老城門，那股悠遠的歷史感就令人倍感可貴。

城門名稱	城門介紹
東門——塔佩門 Thapae Gate	原本依附近的村莊命名，後來改為「內城門」，19世紀外城門拆掉後，簡稱為現在的名稱，意為「有著許多水上人家的港口」，因為這座城門面向平河，以前許多商人就是住在河上的房舍。
北門——常帕門 Chang Puak Gate	原名「Hua Vieng Gate」，此為第一道古城門，1400年改為「Chang Puak」，即「白象門」。因為14世紀時，背負著舍利子的白象，便是由此門出城，最後落腳於現今的素帖寺所在地。
西門——松達門 Suan Dok Gate	「Suan」意指公園，而「Dok」則是花的簡寫。這城門外原本為一座美麗的皇家花園。1371年時，當時的國王根納王讓捐獻了部分土地，為來自錫蘭的高僧Phra Maha Sumana建造一座寺廟，也就是「松達寺」。
南門——清邁門 Chiang Mai Gate	這座城門原名「Tai Vieng Gate」，意為「最後一道城門」，後來普稱為「清邁門」。
西南——松旁門 Suan Prong Gate	整座城牆完成後100年才又增建了這座門。當時的王妃不想住在古城內，便在古城外西南區的Suan Ra蓋了宮殿，因此一開始命名為「Suan Ra Gate」，後來這裡成為反叛分子的行刑之處，又改為沿用至今的「Suan Prong Gate」(刺腹門)。
東北角—— Chiang Moi Gate	以往從皇宮到平河口路途較遠，因此國王命人開了一道新門，當時稱為「Sri Poom」，後來才改名為Chiang Moi，現今的城門周區為熱鬧的美食小夜市。
3座城角	除了東北的錫蓬角(Sri Poom或Sri Phum)城角有城門外，另外還有3個城角：西北的華林角(Hualin Corner)，通往輝凱路；西南的古亨角(Ku Huang Corner)，其外側的主幹道通往機場；東南角為加當角(Katam Corner)。

寺廟建築藝術

清邁共有三百多座寺廟，這麼多寺廟，到底要拜訪哪一座呢？

寺廟名稱		寺廟介紹
素帖寺 (古城外)	地標	清邁地標型的寺廟，香火鼎盛，中間的大金塔尤其耀眼聖嚴。寺廟位於郊區1,667公尺高的素帖山上，可眺望整個城區。(P.124)
悟孟寺 (古城外)	最隱逸	清邁最為特別的寺廟之一，坐落在密林中，信眾可到寺內石窟參拜，僧人則會在洞窟中修行打坐。(P.123)
松達寺 (古城外)	最迷人	高48米的大金塔旁，林立著蘭納皇室的小白塔，在斜陽映照下，尤其迷人，是最適合於清晨或傍晚造訪的寺廟。(P.122)
隆聖骨寺	最莊嚴	古城內最重要的寺廟之一，曼谷大皇宮的玉佛寺曾供奉於此。寺內的塔樓曾為古城最高建築，可惜16世紀因地震毀損嚴重。護衛清邁的城市之柱也在此。(P.82)
盼道寺	最巧緻	原為皇宮旁的鑄佛工坊，1876年改建為這座小巧精緻的寺廟。木造建築古色古香，寺內還保存抄寫在棕櫚葉的古佛經抄本。(P.80)
打銀廟 (古城外)	最獨特	位於打銀街(烏萊路)的打銀廟，規模雖不大，但全都是和尚們一點一滴以手工打造而成，極為精緻獨特，值得一訪。(P.84)
帕邢寺	最豐富	古城內占地最大的寺廟，曾為明萊王供奉父皇骨灰之處。清晨及傍晚時均有和尚誦經。別錯過萊康佛殿內精采的壁畫，另可到後面的佛塔敲鐘祈福。(P.81)
清曼寺	最古老	建於1300年，為清邁最古老的寺廟，現仍可看到製於8～10世紀的斯里蘭卡浮雕、西元200年的水晶佛像、15世紀的釋迦摩尼佛像、15隻大象拖載的老佛塔。(P.80)

※各景點內均可看到「三毛景點解說」的QR code立牌，只要用手機掃描即可免費聽解說。
※大部分的寺廟為免費，只有少部分較熱門的寺廟對外國遊客會收費。參觀免費寺廟，仍建議捐約20B香油錢。

清邁的清晨

早上06:30左右騎著單車或緩緩步行於古城街道，有機會看到清邁人虔誠地跪在地上化緣給和尚，而閃耀在晨光下的黃色袈裟身影、金燦的老廟、斑駁的古牆，也都是清邁迷人的姿色。

若想體驗和尚化緣的文化，最推薦06:30的清邁門。只要買一組奉品(約50B)獻給和尚，便可接受和尚的祝禱。

如何奉食？
1.買一套供品。2.脫鞋並跪下。3.將水倒進杯子。4.接受和尚祝禱。
5.將水倒回大地。

熱門景點

古老的佛像收藏在旁殿中

清曼寺（Wat Chiang Man）

這座清邁最古老的寺廟，建於1300年。現仍可在右殿看
到製於8～10世紀的斯里蘭卡大理石佛雕及西元200年
打造的水晶佛像。據說這座水晶佛像具
有造雨的神力。另還有15世紀珍貴的釋
迦摩尼佛像，而寺廟庭園內則可看到15隻
大象拖載的老佛塔，旁邊還有立於水中的
藏經閣。主殿內的壁畫為慶祝清邁建城
700年所繪，細說建城者明萊王的故事。

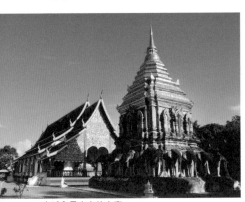

古城內最古老的寺廟

> **Add** Ratchaphakhinai Rd.
> **Time** 06:00～17:00

盼道寺（Wat Phan Tao）

這間古廟可說是清邁古城中的一顆小珍珠，其精緻與古樸之美，真是讓人看個千百
回也不厭倦。

盼道寺約建於西元1876年，原為皇宮旁的鑄佛工坊，後來才改為院寺。整座古寺以

模具脫型的柚木板組合而成，基底則動用28根巨大的
柚木支撐。主殿內印有迦納圖案的山形蓋板，鑲嵌在繽
紛的拼花鏡中；大佛後側豎立著一根根彩旗，讓這座聖
殿呈現出一股神祕的聖彩，古董櫃裡還收藏抄寫在棕櫚
葉上的古佛經(貝葉經)。而寺廟外觀的柚木建材及精緻
的金色雕飾，在歲月的洗禮下，越顯其強烈的對比美。

> **Add** Ratchadamnoen Road及Phrapokklao Road交接處，
> 隔壁就是隆聖骨寺 **Price** 免費參觀，建議捐20B香油錢

Add Intra Warorot,
Rachadamnoen Road
及Samlam Road交接處
Tel (053)814-164
Time 06:00～17:00
Trans 由塔佩城門沿著
Rachadamnoen Road
直走到底，就在路底
Samlam Road的交接
口，步行約15～20分鐘

帕邢寺(Wat Phra Singh) วัดพร

帕邢寺原名為「Wat Lee Chiang」，因為寺廟旁原有一座菜市場，
而取名為「菜市場的寺廟」。後來改名為Phra Sing，意為「獅子」，
延伸比喻為「勇敢的佛」。西元1345年，帕玗王命人建造供奉父皇
骨灰的主殿，後代又陸續擴增八角蘭納風格的佛塔，以及藏經閣。

主殿
大殿僅供奉各朝國王捐贈的佛像，首相、王子、公主所捐的佛像均
不得供奉於此。

主殿旁為精緻的藏經閣

萊康佛殿
位於後側的佛塔旁，為精巧的蘭納風格建築，殿內供奉著清邁的守護神帕辛佛。泰國
新年宋干節時，會請出帕辛神乘馬車繞城，讓信徒浴佛取聖水。而這個佛殿最精采的
是四周牆壁上的精美壁畫。這些壁畫均已有700年歷史，因此有些部分已斑駁，但畫
中人物的描繪是如此活靈活現，仍讓人看得津津有味。
後殿後面的庭院還有座黑色小佛塔，是Pha Yoo王安置父王的骨灰所設的。旁邊即是
舊藏經閣，許多信徒也會在旁邊的亭內請僧人開示。

佛塔
當地信徒還會到後側的佛塔將
聖水放在繩索送上佛塔祈福。

寺廟的階梯常是一隻龍吃著另一隻的雕
像，用以意寓佛典所說的，世上所有一切都
是短暫、會消逝的

清邁 Chiang Mai

隆聖骨寺(Wat Chedi Lunag)

又稱「柴迪隆寺」,此為古城內最重要的寺廟,有著知名的大佛塔及守護清邁的城市之柱。

主殿

主殿內的大佛為舉起右掌的立佛。古代有兩個分立的王國,皆是佛祖的親人,因水源而反目成仇,發生流血戰爭。佛祖知道之後,便問兩國的人民:「水與親情,哪個重要?」人民因而瞭解到自己因水源爭奪而彼此相殘的愚蠢之舉。殿內抬起右掌的立佛即象徵著和解。

這座立佛高8.23公尺,為黃銅所製,清逸、溫柔的臉部線條,充分展現出立佛的精神。

城市之柱

正門左側有座小佛殿,內部供奉守護清邁的「城市之柱」(Lak Meuang),並以精采的壁畫,描繪帕因神下凡拯救村民的故事,也就是城市之柱的由來。每年5～6月的Intakin節還會舉辦城柱祭拜儀式,祈求神靈繼續保佑清邁,來年風調雨順。

大佛塔

廟名意為「大塔」,因為寺內有座建於西元1441年的巨大蘭納式佛塔,原本高86公尺。不幸的是,西元1545年發生一場地震,18世紀又歷經泰緬戰爭,高度僅剩60公尺。

曼谷玉佛之前曾由清萊移到這座佛寺中,後來才又移至曼谷的玉佛寺(Wat Phra Kaew)。現在這裡的玉佛是泰皇於西元1995年所賜的複製品,用以紀念佛塔600週年慶。佛塔四面皆有階梯及納迦守護神雕刻,西、北、南面的拱門下均供奉大坐佛,牆面

上則有6座石灰泥大象雕刻,但只有最右邊殘破的那隻才是原作。佛塔兩側還設有鋼索,信徒可將水搖到塔頂浴塔,據說此舉可帶來好運勢。

大佛塔旁邊還有座古色古香的佛寺,寺內的雕刻精緻,黃綠色的磚面地板擦得晶亮光耀,寺廟的廊簷也掛著精巧的雕刻及小鐘鈴。另一側還有座大臥佛,上面披著雕花細緻的金縷衣,這座臥佛其實已有六百多年的歷史。

Add 103 Phrapokklao Road **Tel** (053)278-595 **Time** 09:00～17:00 **Price** 40B
Trans 由帕邢寺往塔佩城門方向走,走到Phrapokklao Road右轉,會先看到Wat Phan Tao古廟,繼續往前走就是隆聖骨寺

清邁市立藝術文化中心、三王紀念碑、蘭納民俗生活文化館

這座建築建於西元1924年,原為清邁府政大廳,屬後殖民風格的白色清雅建築,現已轉為清邁市立藝術文化中心。館內展覽呈現清邁的歷史、佛教文化、少數民族、古今生活模式等。

館前的三王紀念碑所紀念的是素可泰王朝的蘭甘亨大帝、蘭納王朝的明萊王及帕堯王朝的南蒙王。由於當時各方飽受蒙古軍之威脅,這三位國王互締結盟,約來彼此互不侵犯,建造清邁城時,其他兩國也派來大量人力協助,因此特建此碑紀念三王對清邁城的貢獻。當地人都會到此獻花致敬,因此一般遊客又稱之為「三王廟」。

位於藝術文化中心對面的白色優雅建築是蘭納民俗生活文化館(Lanna Folklife Museum)。清邁自從1296年成為蘭納王朝的首都後,200多年間一直是北方文化中心。到這座博物館走一遭,便能輕鬆了解蘭納的宗教、習俗、服裝等生活文化。1樓的展覽室可透過仿真模型看到蘭納時期的建築風格,並瞭解蘭納人在寺廟中的各種儀式及活動。館內的各種生活用品,則展現了清邁精湛的工藝技術。首次拜訪清邁者,相當推薦到此參觀。

01.2013年開幕的蘭納民俗生活博物館 **02.**蘭納寺廟的建築風格及習俗完整呈現在博物館內 **03.**蘭納文物呈現出蘭納精湛的手工技藝 **04～06.**藝術文化中心的紀念品店非常精采,都是精選的泰北藝術創作品

Add Phrapokklao Road **Tel** (053)217-793 **Time** 週二～週日08:30～17:00 **Price** 90B、兒童票40B **Web** www.cmocity.com

錫蘇邦寺／打銀廟(Wat Sri Suphan)

約200年前，蘭納的Kawila王請打銀技藝著稱的
Salawin Basin村民進駐清邁，為古城建設添色。這
些來自泰國西北方的工藝師來到清邁後，落腳於清
邁門外的Wualai地區，烏萊路也自此成為清邁的銀
製工坊街。

現雖已沒落，但這條街每到週六夜晚，便成了熱鬧的
週六市集，而且小巷裡還隱藏了一座全泰國最特別的
寺廟！

僧人在此打造裝飾銀廟的藝品

錫蘇邦寺建於1501年明萊王時期，後來曾多
次改建，到了2004年時，這裡的住持Phra Kru
Phithatsuthikhun希望能運用當地的打銀工藝來改建
這座寺廟，在全寺和尚的努力之下，整座寺廟煥然一
新，還與這區的傳統文化連成一氣。

其中最受矚目的當然是主殿，銀戒堂(The Silver
Ubosot)。整座殿堂以銀、錫打造，在南國陽光的照耀
與綠竹的襯托下，是如此的璨亮；所有裝飾細節之精緻，總讓人駐足忘返！然而，依照
寺方的說法，主殿下埋了五百多年前的許多聖物、咒經，根據蘭納傳統，女子不宜踏上
這些聖物，因此不得進入主殿。

不過所有訪客都可以自由參觀打銀過程，每週二、四、六17:30～21:00，訪客也可與寺
內和尚聊聊(可以英文溝通)，寺內也提供禪修課程。對傳統技藝有興趣者，還可到蘭
納傳統藝術學習中心(Ancient Lanna Arts Study Centre，又稱為Sala Sip Mu Lanna)
瞭解傳統打銀工藝。

Add Wualai Road(打銀街)
Trans 在清邁古城門外，走
入Wualai Road，右手邊第一
條小巷轉進去繼續往前走，
就會看到這座小小的打銀廟
Tips 週六市集就在這條街
上，古城門外的空地，清晨
及傍晚有許多小吃攤

在陽光下閃閃發光的銀廟

美食情報

Huen Phen 古董餐廳

穿過小小的入口，沿著庭院走進這家餐廳，要不是有人聲鼎沸的用餐聲，還真會以為到了古董店呢！餐廳內部擺滿了古董，根本就是直接以大大小小的古玩隔出一個個的用餐區。

這裡的招牌套餐 Huen Phen Hors D'oeuvre

更棒的是，這裡的餐點價位平易近人，若想嘗泰北套餐，則可選擇 Huen Phen Hors D'oeuvre 蘭納傳統套餐，各種經典的泰北小菜放置在紅色的大盤中，堪稱平價版的御料理。清邁著名的咖哩麵(khao soi)也是這裡的拿手菜。不過中午時這家餐廳只開放外部，像一家平價小吃店，推薦這裡的炸雞，酥脆！

> **Add** 112 Ratchamangka Road **Tel** (053)277-103 **Time** 08:00～15:00；17:00～22:00
> **Trans** (1)從隆聖骨寺 Wat Chedi Lunag 前的 Prapokklao Road 直走到 Rachamongka Road.右轉，直走約5分鐘。餐廳入口不是很顯眼，要仔細看 Huan Phen 的綠色招牌 (2)或由帕邢寺前的 Samlarn Rd.直走到 Ratchamangka Rd.左轉，直走約5分鐘

Clay Studio Coffee
古董石雕庭園咖啡

這是另一家讓人一踏進門就哇哇叫的咖啡館，因為客人可以在自然不做作的綠園裡，放鬆心情地與朋友聊天、享用午茶飲品。這其實是對面古董藝廊的私人庭園，園裡看似隨意放置的雕像，任青苔、歲月為之添色。以往免費開放給大眾參觀，現庭園內還設置了咖啡館，讓大家可在此悠閒享受這一片綠與逸。另一區則為 Face 餐廳進駐，晚上可到此品酒、享用西式餐點。

> **Add** Prapokklao Lane 7, Amphoe Mueang Chiang Mai **Tel** (053)278-187 **Time** 08:00～18:00

SP Chicken烤雞店

泰菜中最著名的東北伊森派系烤雞gai yang(ไก่ย่าง)，是來訪泰國必吃的料理。而這家清邁最知名的慢火烤雞店，就位於帕邢寺旁的小巷內。除了烤雞外，還推薦烤豬肋排，並可點青木瓜絲沙拉或炒青菜等配菜，吃完後還可以來碗特製雪糕喔！

Add 9/1 Sam Larn Soi 1, Phra Singh, Muang Chiang Mai **Tel** (080)500-5035 **Time** 10:00～19:00 **Trans** 帕邢寺與 Oasis Spa之間的小巷內

Hanging Feet

曾試過吃飯時，兩隻腳還可以在空中晃啊晃嗎？

Hanging Bar就是這樣有趣的餐廳。這棟傳統高腳屋木造建築提供平價的泰國家常菜，座位設在2樓邊緣，兩腳可吊在半空快樂地晃動，可真是特別的用餐經驗。

Add Samlan Rd.路上，5巷路口 **Tel** (082)399-5834 **Time** 12:00～午夜

■ 美食文化之旅

Web elliebum.com

想品嘗清邁道地美食，除了可參加當地的小吃之旅外，也推薦Elliebum Cafe & Guesthouse的美食文化行程。導遊Gade所提供的不只是帶遊客吃美食，還有許多深入的美食文化分享。導遊

行程中也可品嘗清邁最美味的芒果糯米及榴槤糯米

雖以英文為主，但會說一點中文，在往市場的途中，會先參觀古城廟宇，並講解寺廟的特色，行程結合了歷史文化及美食，非常豐富。

三王廟街區
Inthawarorot Road

三王廟旁邊的Inthawarorot Rd.街口有一間小廟,往廟後面走會看到一整排的小食館,著名的清發雞肉飯就在這裡。吃完後再往後走是清邁著名的Wanlamun甜品店,販售多種泰國優質甜品。

01.非常推薦爽口Q彈的香蘭糕 **02.**水果造型的豆沙餡甜點luk chup **03.**味道恰到好處的椰奶甜湯

清發雞肉飯及沙嗲店

清發是這排小吃店中最熱門的一家,效率、態度跟清潔度都好。雞肉飯(kôw man gài)分量並不是很大,建議可以加點在店外碳烤的美味沙嗲。

這排有很多小吃店,清發的雞肉飯是最受好評的,最邊間其實也不錯

Fern Forest咖啡館

庭院的大樹與蕨類植物,完美地營造出綠意盎然的環境,內部擺設則是相當浪漫。不但可享用午、晚餐,更是下午茶的理想地點。

Add 54/1 Singharat Rd.

Blue Shop牛肉麵

古城區主街Rachadamneon Rd.上的Wawee咖啡館後面,有家乾淨又好吃的牛肉麵及排骨麵店,是簡單享用午餐的好選擇。

Bird's Nest

這是最能代表清邁悠閒藝術的小小自由空間。樸實的木椅擺在老窗框邊，角落放著舒適的大沙發，旅人們到了這裡，無時無分地坐著下棋、發呆、談天又談地。更棒的是，這裡的餐點及飲料也很美味。融入泰國口味的西式餐點，大碗又夠味；價錢也一定是喝醉酒亂訂的，看了真高興得想掉淚。Bird's Nest雖是小咖啡館，但每道菜均堅持採用新鮮食材烹煮，因此無論是泰式或西式餐點都做得很棒，尤其推薦這裡豐盛又健康的早餐。

→
Bird's Nest
招牌早餐

Add Sigharat Road Soi 3 **Tel** (053)416-880
Time 09:00～20:00 **Web** www.thebirdsnestcafe.com **Trans** 由Ratchadamnoen路
走到帕邢寺，右轉直走到3巷，路口是一間廟，轉進巷直走約3分鐘

Good Morning美式早餐店

這雖然是美式早餐店，但卻在一棟極具泰北風格的木屋裡，讓客人一面欣賞店內各項有趣的擺飾，一面在清邁特有的悠閒氣氛中，慢慢享用美味早餐。這裡的甜點及飲料也很棒，下午也可以過來避暑。

Add 29/5 Rachamankha soi 6, t. Phra Singh **Tel** (053)278-607 **Time** 08:00～17:00
Trans 由盼道寺前的Prapokklao Rd.直走，過隆聖骨寺後轉進Soi 7巷，直走再左轉進
Ratmakka Rd. Soi 6巷(或者過隆聖骨寺後轉進Ratmakka Rd.，再轉進soi 6巷直走)

Jok Somphet粥店

這是清邁少有的24小時粥
(Congee)店，夜深想吃消夜
也不怕沒地方去。整鍋粥熬
到糊稠，有種小米粥的口感。
再打顆生蛋在粥裡，讓粥的
口感更是滑潤了。

請認明這亮眼的黃色招牌　　煮得糊溜的肉丸粥，還有股獨特
的小米香

Add 51 Sriphum Road **Tel** (053)210-649 **Trans** 位於古城牆東北角的Sriphum Corner
旁，轉到Sriphum路，經過2巷就會在下一個街口看到大大的亮黃色招牌。生意很好，
店前常有很多臨時停車 **Tips** 附近有著名的民宿Charcoa，這區有很多平價民宿

清邁門(Chiang Mai Gate)市場Talat Pratu Chiang Mai小吃區

當地人習慣傍晚的時候
過來買熟食，市場對面也
聚集多家小吃攤，有粥
店、麵攤等。由於週六市
集在清邁門前的街道，
每到週六夜晚，這區總
是熱鬧不已。

好吃的豬肉丸粥，早上還有碳烤吐司攤

Wat Lok Molee古廟及電腦商場
(Computer Plaza)間的小吃區

Siriphum Corner城牆外每天晚上都有個美食小夜
市，這區有多家湯麵店及各種泰國小吃，晚上熱鬧
滾滾。其中以戴草帽的老闆娘豬腳飯最受矚目，不
過筆者更推薦
Computer Plaza
這區的麵攤。

大啖泰國美食
請注意！

不嗜辣者，跟店家青木
瓜沙拉時，可說加一個
辣椒就好。吃的時候要
小心綠色炸彈，若不注
意咬到綠色小辣椒，還
真有被炸到的感覺！

清邁 Chiang Mai

Lert Ros東北菜小館

另一家知名的泰國東北菜料理，但這家以鹽烤魚及陶鍋酸辣湯聞名，陶鍋湯有牛肉、蝦、排骨3種湯品，另還推薦烤牛肉。現在這家店幾乎是中國遊客的天下了，也提供中文菜單。

> **Add** Rachadamnoen Rd Soi 1, Amphoe Mueang Chiang Mai **Tel** (082)381-2421
> **Time** 13:00～21:00

購物搜羅

I'm Fine Art手創店

由一對夫婦共同創立的商店，店內貓狗的創作品都是先生的傑作，可愛的少數民族創作則是太太的作品。最推薦這裡可愛的棉T及少數民族創作卡片、小磁鐵。

> **Add** 127/8 Prapokklao Road. **Time** 10:30～20:00

創意磁鐵

Tan Bag手工包店

Tan Bag的手工包都以純棉質布料與優質皮革製作，所有產品皆一派的天然，手感非常好。

這家店的品質及做工相當實在

> **Add** 127/7 Prapokklao Road **Tel** (053)327-280 **Time** 10:00～20:30
> **Web** www.tanbagshop.com **Trans** 位於I'm Fine Art手創店隔壁，靠近三王廟

Add 199 Moon Muang Road, Sri Phum Muang Chiang Mai **Tel** (053)419-011 **Time** 09:00～23:00 **Web** www.thehousethailand.com

Ginger

泰國知名的繽紛品牌，以大膽的圖樣設計、精緻的彩珠裝飾聞名。清邁的店面最為完整，可看到各種服飾、居家用品、甚至可愛的兒童用品，還可在這浪漫的環境中享用餐點。

Supachet Studio藝術手創店

這家藝品雜貨店是由藝術背景出身的店主人所創立的，除了自己的創作品外，也挑選了許多無論在設計或品質上，均相當優質的特色商品。

Supachet's Studio

Add 56 Rachadamnoen Rd Soi 4
Tel (089)950-1329
Time 12:00～20:00(週日到21:00)
Fb Supachet's Studio
Trans 位於古城Ratchadamnoen Road與Prapokklao Road轉角處，旁邊是清邁著名的Herb Basics草本保養品店

■ Chinola Massage

Add 179 Ratchamanka Rd, Amphoe Mueang Chiang Mai
Tel (061)614-9354
Time 10:00～22:00
位於帕邢寺不遠處的Chinola按摩中心，為一處平價、但布置又不俗的按摩中心，更棒的是，按摩手法相當扎實。

其他古城按摩
請見P.45-47

週末市集(Walking Street)

清邁每週六、週日各有一次市集:週六市集位於清邁門外的打銀街上,而週日市集則位於古城十字交叉的兩條主街上。(另一個觀光市集Night Bazaar則是每天晚上都開,見P.97。)

眾所皆知的曼谷週末市集常讓人買到欲罷不能,而清邁的週末市集,可是一點也不遜色。如果説曼谷的週末市集走的是潮流創意,那麼清邁的週末市集賣的則是獨步全球的魅力商品。市集裡賣著各種充滿泰北風的手工藝品。及泰北年輕人天馬行空又純真樸實的創意;看來嬉皮邋遢,卻全身散發藝術氣質的泰北藝術家也坐鎮夜市,擺上各項傲人的創作品。

到這裡,請準備好現金,看到滿意的商品立即出價購買,因為清邁週末市集雖然不如曼谷大,但也是長長一條街讓人逛到腿痠又停不下腳步。夜市也有些小吃,尤其推薦矮桌椅的泰國辣米線、仙草奶凍,及各種炸丸子、青木瓜絲、新鮮果菜汁。

01.這家動物木雕作品的雕刻樸實、上色手法獨特(位於週六市集打銀寺前的小街巷) **02.**這攤的棉T設計為清邁大學藝術學生的作品,多以清邁生活景象為靈感,實穿之餘,也是很棒的紀念品 **03.**這對可愛的夫婦已投入天然布染多年,衣服的質感與染色均優。週日白天在清邁JJ Market農夫市集擺攤,晚上則在週日市集 **04.**彩繪葫蘆 **05.**沙挖滴咖白兔對偶 **06.**少數民族元素的創意商品 **07.**便宜圍巾 **08.**實穿又便宜的涼鞋 **09.**買不完的平價創意雜貨 **10.**多用途頭巾 **11.**泰國枝仔冰 **12.**夜市裡也可看到許多藝術家的創作 **13.**傳統泰北風童褲 **14.**花裙 **15.**竹編包 **16.**現場刻繪的木製卡 **17.**最近最流行的藍染衣服、圍巾、布包

Add 週六在清邁城門(Chiang Mai Gate)前的打銀街(Wualai Road)，規模較小一點點；週日在塔佩城門(Taepai Gate)前的Ratchadamnoen路一直延伸到帕邢寺及其交接的街區，規模相當大 **Time** 建議16:00～16:30開始逛，天氣沒那麼熱又可看清楚貨品，傍晚還會遇到唱國歌全體立正站好的有趣情景；約22:30～23:00結束 **Info** 周圍的街區入夜後就有摩托車停車處，會有專人看顧，酌收點停車費 **Tips** 週六若計畫前往烏萊路的市集，建議下午到清邁門內的藝廊美館喝下午茶，5點過去逛夜市，還可以順便參觀日落前的打銀寺

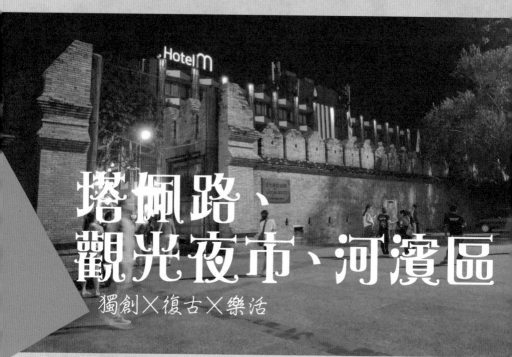

塔佩路、
觀光夜市、河濱區
獨創✕復古✕樂活

塔佩門

本區概覽

塔佩門是古城門中保存最完整的一座，清邁大型活動多在此城門舉行。城門周區隱藏了許多當地美味小餐館。沿著塔佩路往河濱走，接近河濱的路段，右側可通往觀光夜市，左側則為瓦洛洛市場，市場對岸的河濱一帶，目前匯聚了清邁最熱門的下午茶、藝廊、河濱餐廳及旅館。

河濱區現為熱門的午茶區

必遊清單：
瓦洛洛市場、河濱Woo咖啡館下午茶、3D藝術館、Loi Kroh Traditional Thai Massage & Yoga(P.44)或Fah Lanna平價按摩、觀光夜市、Namton's House Bar 啤酒屋(P.129)

往Khao Soi Lam Duan咖哩麵店
Hotel des Artists Ping Silhouette
設計旅館
Sriphum Corner ●
Vitchayanon Rd.
清邁市政廳
● White Chedi
彩繪大象館
Kaeo Nawarat Rd.
The Prince Royal's College
2元沙嗲攤
往Khum KhanToke帝王宴
● British Council

Ginger
Sompet
Moon Muang
Tai Wang Rd.
Khotchasan Rd.
Raichawong Rd.
Nakorn Ping Bridge
Charoenrat Rd.
Wat Ket Karam
Huan Ka Chao
平價蘭納晚餐秀
Woo Cafe-Art Gallery-Lifestyle Shop咖啡館
Hinlay curry house and bakery
巷弄烘焙工坊

Kasem老雜貨店
Chiang Moi Rd.
Sala Lanna四星級旅館
1935年老湯麵店 ● Warorot
瓦洛洛市場
137 Pillars House
The Gallery
The Good View
Riverside
Nai 99民俗風批發店／
Thamel Coffee

Thapae Happy House
少數民族服飾市場
漢清邁旅行社
Paday Rotee老字號煎餅館
Thapae Rd.塔佩路
正發服飾店
Raming Tea House Siam Celadon老柚木茶館
Rarinjinda Spa / Hotel

Mo Rooms
Doi Chaang Coffee
Nawarat Bridge
Wat Mahawan瑪哈灣寺廟按摩
Rom Po
Night Bazaar觀光夜市
Charoen Muang Rd.
Studio99平價公寓式旅館
平價設計旅館
布栢藍寺
The Ghee平價旅館
Chang Klan Rd.
Wat Buppharam
Le Méridien Chiang Mai艾美旅館
D2 Dusti
Iorn Bridge
(Sapaan Lek)
Kawila拳擊場
Super Rich
匯兌處
Loi Kroh Rd.
Fah Lanna Massage平價按摩
ChaChaa Slow Pace
Loi Kroh Traditional Thai Massage & Yoga
Royal Princess旅館
Pantip Plaza Chiangmai／Big C大型超市
Anatara Chiang Mai
Katam Corner ●
Sridonchai Rd.
Wat Chai Mongkhon／
Mae Ping River Cruise平河遊船
Good Health有機商品店
The Whole Earth餐廳
Rakeang Rd.
Ping Nakara Boutique Hotel And Spa
平中良精品設計旅館
Chiang Mai – Lamphun Rd.
香格里拉
Nakara Jardin河濱甜點屋
ChangKlan Rd.
3D藝術博物館
Charoen Prathet Rd.
Namton's House Bar 酒吧

■ 瑪哈灣寺按摩 Wat Mahawan

Time 09:00~19:00

位於塔佩路5巷與4巷之間的瑪哈灣寺，還附設傳統按摩中心，這裡的按摩師滿專業的，
若是身體較疲累，可考慮1小時泰式按摩(150B)，再加1小時鐸森柚木按摩。

熱門景點

布栢藍寺(Wat Buppharam)

雅致的緬甸風老寶塔

位於塔佩路上的布栢藍寺,建於1497年,建築風格融合了緬甸及蘭納風,內有一座講經堂、2座百年老僧院、佛殿、寶塔。其中最古老的是由緬甸聖獅Singha所守護,四百多年的老寶塔。大佛殿中的壁畫則可看到佛祖生前捐出己物的慈悲故事。最新的建築是寺中最大的Ho Monthian Tham殿,1樓的壁畫描繪清邁信徒聚集在古老的清曼寺祈拜的景象,2樓另還有四百多年的柚木佛像,這也是目前最大的柚木佛像雕刻。

這座寺廟原本只是清邁城眾多寺廟之一,但因莊嚴的寺廟內,卻有著唐老鴨這類的動物雕像,而吸引電影「泰囧」的劇組到此拍攝,也讓這座廟一爆而紅,現在也需要收票了。

Add Tha Phae Rd, Amphoe Mueang Chiang Mai

Watrorot瓦洛洛市場、龍眼菜市場及花市

所有生活用品及在地食品都可在此一次購齊

當地人習慣稱這裡為Kard Laung,也就是「皇家市場」的意思,因為這座市場以前是清邁皇室所管理的。這是泰北最大的市場,市場內幾乎所有當地食品及用品都找得到。靠近河濱則是鮮花區,旁邊的小街巷還有很多日常生活用品批發店。

瓦洛洛市場周邊建議路線:

由塔佩路轉進Kuang Men Rd.,走進寺廟與WIN藥妝店之間的小巷,沿著路右轉,到老麵店吃一碗湯麵或乾麵;接著往回走,沿路逛少數民族服飾小攤,再穿過布店走進市場;由市場走出來後,逛逛河邊的花市,接著可過橋到河濱喝下午茶。

Add Chang Khlan Road **Trans** 由塔佩路面向Nawarat橋往左轉(街口是旅遊服務中心),直走約5分鐘。會先經過鮮花區

賣菜的區域名為龍眼市場Ton Lam Yai Market,河濱則為花市

3D藝術博物館Art In Paradise

距離觀光夜市不遠處(靠近香格里拉旅館)，有一家好玩的3D藝術博物館，讓大人小孩在此拍照拍得不亦樂乎！

Add Tambon Chang Khlan
Tel (053)274-100 **Time** 09:00〜20:30
Price 400B，小孩200B，透過網路或旅行社購買可買到特價票 **Web** www.chiangmai-artinparadise.com

這麼厲害，大家都會倒立！其實是拍來毫不費功夫啊

各種有趣的3D藝術效果照，就等你來玩囉

這是個適合帶小朋友來玩的不曬太陽的景點

觀光夜市(Night Bazaar)

位於昌康路(Chang Klan Rd.)的清邁觀光夜市，可以讓遊客一次買齊木雕、漆器、銀器、古董、平價的紀念棉T、少數民族包、三角枕等手工藝品。沿著昌康路有好幾棟商場，商品大同小異，較推薦麥當勞後面這區，這裡也有美食街，旁邊可寄放摩托車。

若想上餐廳用餐的話，也可考慮Royal Princess旅館內的泰式餐廳。這是家非常正統的泰國料理，價位又不算太高。夜市逛完後還可到Big C掃貨(P.105)。

美食區旁純棉天然染服飾店

Add Chang Klan Road **Time** 17:00〜午夜
Trans 由塔佩路(靠近河邊)轉進Wat Uppakut廟旁的Chang Klan Road直走，就會看到路邊有很多小攤販，主要集中在麥當勞附近

美食情報

◆ Paday Rotee老字號煎餅攤

號稱清邁No. 1的香蕉煎餅攤,一對活力十足的伊斯蘭教老夫婦每天在此忙碌煎餅。這家專業香蕉煎餅攤除了甜的煎餅外,也販售鹹的Rotee Mataba,不過最推薦的還是最基本的香蕉煎餅。

> **Add** 塔佩路4巷口,Wat Chetawan前
> **Time** 18:00起

帶點咖哩味的Rotee Mataba鹹煎餅

╱ Rotee小故事

Rotee(或Roti)這個字來自梵文的「麵包」,因為煎餅的餅皮大部分是現場揉製的。最常見的口味是香蕉蛋煎餅,現在也常見起司、Nutella巧克力榛果醬口味,有些攤位還賣鹹煎餅Rotee Mataba。

豬雜湯及乾麵都相當推薦

◆ 1935年老湯麵店

由於瓦洛洛市場這區以往就是清邁最繁忙的商貿區域,許多中國商人選擇落腳於此,因此這區有許多中國風味的老攤販,1935年開設的這家麵店就是其中一家。

這家麵店的湯頭清又香,對於食材料理也特別注重,豬雜都清理得相當乾淨,是當地人到大市場買逛時,會過來喝上一碗湯麵的老店。

> **Time** 早上到中餐過後 **Trans** 由市場後面的Win藥妝店與寺廟旁的小巷直走,沿著路右轉即可看到

Raming Tea House Siam Celadon
老柚木屋複合式茶店

這家茶室坐落在近百年(西元1917年建)的老柚木建築。精細白色花雕木大廳,閒逸地放置著舒適的茶座,讓客人在此點一杯Raming茶園獨特的泰式風味茶,沁意享受難得的古風。

這家茶店為青瓷公司Siam Celadon集團所有,因此店內所用的就是這個品牌的青瓷產品。

→塔佩路上的老建築改建的茶店
↘2樓現增設了Cotton Farm棉質服飾店

Add 158 Tha Pae Road
Tel (053)234-518
Time 09:30～18:00
Web www.ramingtea.com
Tips 中餐餐點也很有水準,逛塔佩路累了可到這裡或Woo Cafe用餐

美麗殿Le Meridien下午茶

位於清邁美麗殿大廳的Latitude 18 + The Hub,有別於其他頂級旅館,提供現代時尚風格的下午茶,甜點及茶點品質也不俗,推薦Mediterranean mandarin這款溫潤的茶飲。

清邁美麗殿還以豐盛的週日早午餐聞名(11:30～15:00),相當受歡迎,最好事先預約。

Add 108 Chang Klan Road
Tel (053)253-666
Web www.lemeridienchiangmai.com
Trans 位於觀光夜市區,由塔佩路轉進Chang Klan路直走約7分鐘

Vieng Joom On Tea House

粉紅色的浪漫茶店就位於Warorot市場對面的河濱餐廳區，菜單是由醫生老闆設計的，也收集了全球各地的好茶。光是印度風味茶就有59種，茶品及茶具包裝也很漂亮。茶品中最著名的是這裡特調的Vieng Joom On Tea，下午茶價位合理。

價位合理的三層式下午茶

Add 53 Charoenraj Road **Tel** (053)303-113 **Time** 10:00～19:00 **Web** www.vjoteahouse.com	推薦茶： 7 Herbs、Love Tea、Thai Jasmine Oriental Rice Tea。

137 Pillars House

清邁的下午茶除了推薦四季(請參見P.50)及原東方文華的黛蘭塔維(請參見P.52)外，137 Pillars House這家管家式頂級旅館，也在百年老柚木屋裡供應優雅下午茶。

這家茶室及庭院座位區的環境非常優雅舒服，可惜的是，套餐茶點並不出色，單點的甜品及茶飲反而較好。

Add 2 Soi 1, Nawatgate Road
Tel (053)247-788
Web 137pillarshotels.com
Trans 若由塔佩路過來，過橋後左轉，沿Charoen Rajd Rd.直走，轉進Gallery餐廳對面的小巷即可看到旅館的指標，沿指標繼續往前走。旅館也提供嘟嘟車接駁

百年老柚木屋的下午茶室

Anatara Chiang Mai氣質下午茶

想要享受氣質的下午茶嗎?Anatara的下午茶位於河濱綠草地上的柚木建築,廊下一排風扇與藤椅,真是一派的悠閒。不過這家也是吃氣氛的成分居多,甜點的部分可以更好。

Add 123 Chang Khlan Mueang　123 เจริญประเทศ
Tel (053)253-333　**Time** 15:00～18:00
Web chiang-mai.anantara.com
Trans 由觀光夜市尾的Sri Donchai Road往河濱方向直走到底,步行約10分鐘路程;或轉進麥當勞與漢堡王之間的小巷直走到Charoen Prathet Road右轉再直走

Riverside及The Good View河濱餐廳

清邁平河岸有多家河濱餐廳,其中以The Good View及Riverside最為著名,幾乎是所有遊客必訪的餐廳之一。這兩家餐廳的風格及菜色大同小異,料理得都還不錯。晚上有現場音樂表演,Riverside還有遊船晚餐服務。

最經典的菜包括:Hors D'oeuvres Chiangmai(清邁綜合前菜)、Pla Shon(芒果沙拉魚)、Deep Fried Chicken in Pandanus Leaf(香蘭葉包雞肉)、Kao Soi(雞肉咖哩麵)、 Spicy Seafood Souffle Served in Coconut Shell(椰子海鮮湯)、 Raw Praws in Fish Sauce(魚露酸辣生蝦)。這條街上還有家希拉蕊曾到訪的高級餐廳The Gallery,用餐氣氛及餐點也很棒。

> **Riverside遊船晚餐**
> **Time** 19:15開始登船,20:00出發,遊船時間75分鐘
> **Price** 船票150B,餐飲另計 **Info** 最好先預約

Riverside Add 9-11 Charoenrat Road **Tel** (053)243-239 **Web** www.theriversidechiangmai.com
The Good View Add 13 Charoen-Raj Road **Tel** (053)302-764 **Web** www.goodview.co.th **Time** 10:00～00:00 **Trans** 由塔佩路過橋左轉直走約7分鐘,就位於RarinJinda Spa中心對面 **Tips** 可將河濱餐廳、Warorot市場、RarinJinda按摩、觀光夜市安排在同一天

清邁 Chiang Mai

Woo Cafe-Art Gallery-Lifestyle Shop熱門咖啡館

這應該是目前河濱區最熱門的咖啡館，假日常是一位難求，因為店主人實在是太厲害了，將整間咖啡館打造得浪漫不已，根本是女孩們的夢幻茶室。再加上擺在櫃檯上、玻璃罩之下的甜點實在太吸睛，菜單又涵蓋各種泰國及西式料理，菜色豐富，食材新鮮，所以來這裡的客人可不只是為下午茶而來。

此外，除了餐廳的部分外，2樓的空間為新銳藝術家的展覽藝廊，而咖啡館旁的店鋪則販售各種精選生活雜貨，陶瓷品的部分尤其精采。

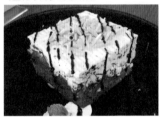

巧置花草的夢幻咖啡館

Add 80 Charoenrat Road, Watgate **Tel** (052)003-717
Time 10:00〜22:00 **Web** woochiangmai.com

甜點的口味也不俗

Nakara Jardin藍帶級甜點

Nakara Jardin就位於平中良精品旅館旁的河濱區，一進門就是大樹所環繞的熱帶庭園，白色浪漫的座位散落在平河邊，整體環境承襲著這區過去的殖民風文化。

這裡的甜點相當出色，為藍帶主廚Pomme的創意料理，融合了經典法式做法與泰國風味，呈出一個個讓人都好想品嘗的甜點。另也提供法式料理。

Time 11 Soi 9 Charoenprathet
Road., T. Changklan
Tel (053)818-977
Price 雙人下午茶1070B起
Web www.pingnakara.com/
nakara_jardin
Trans 穿過平中良精品旅館即
可看到

↑泰式奶茶提拉米蘇

清雅的印度咖啡附設的麵包工坊，小小的店鋪布置得相當迷人

相當推薦的Berries Scone

Hinlay curry house and bakery
巷弄烘焙工坊

Hinlay印度咖哩，位於Wat Ket這區優雅的住宅區已有幾年的時間，最近又增開了超級優質的甜點麵包工坊，尤其推薦每天現做的Berries Scone，這鬆餅呈扁平狀，濕度、香氣、甜度均相當均衡，每咬一口都是享受！店裡還有多種優質麵包及鹹點，店主人態度又非常好，相當推薦的一家巷弄茶館。

周邊私房平價美食路線：

由這家店對面的巷子往前直走，還會經過一家79B吃到飽的泰式餐廳，提供各式泰式咖哩、小菜、甜品，繼續往前走到大馬路右轉直走則可找到清邁最好吃的2元沙嗲小攤！

Add 8/1 Nha Wat Kate Road., Soi 1 **Tel** (053)242-621
Time 09:30～21:00，週五～日09:30～17:00，週一公休
Trans 過137 Pillars House再走2分鐘即可看到

購物搜羅

Kasem老雜貨店

這家老雜貨店是清邁最先開始進口外國食品的老雜貨店之一，老闆當時還跟外國人(泰國人稱外國人為「Farang」)學習道地的烘焙法。在西式麵包不易取得的過去，清邁的外國人會特地到此買麵包。至今，Kasem的烘焙技術仍非常棒，尤其推薦香蕉蛋糕及鹹派，扎實又不乾膩，十分美味！

Add 19 Rachawong Rd.

清邁最新進口外國食品的老雜貨鋪

還可買到各種Secret blend的泰北咖啡豆

Nai 99民俗風批發店

位於Warorot市場後面的Nai 99民俗風批發店，可找到許多別具風情的泰北及尼泊爾的民族服飾。2樓有家風格獨特的咖啡館，供應咖啡及現打新鮮果汁，可坐在窗邊的風格座位，悠閒眺望忙碌的市集生活。

> **Add** 50 Khoungmain Road(Troklaocho)
> **Tel** (053)232-228

民俗服飾批發店2樓的Thamel咖啡館

當地設計師服飾店

姐姐負責設計服飾，妹妹則負責看店。服飾設計款式與剪裁相當獨特，布料也很舒服，不過價位也較高。附近有些較平價的花裙及棉麻質服飾店。

> Add 9-10 Khoungmain Road(Troklaocho)
> Tel (089)758-4408
> Trans 由Warorot後面的街道直走約5分鐘
> (繼續往前直走2分鐘就是塔佩路)

附近也可找到很多這類風格的服飾店

這家店的剪裁獨特又高雅

走出這區到塔佩路，會看到對面的小小巷服飾店

正發服飾店

瓦洛洛市場後面的少數民族風服飾店，可在此找到質感較好，設計又獨特的服飾、布包、巾布。

> **Add** Pantip Plaza, Chang Klan Rd.
> **Time** 09:00～00:00

Big C觀光夜市分店

清邁大型超市多設在郊區，不過現在觀光夜市旁的Pantip Plaza也開了一家Big C分店，遊客採買伴手禮、食品是更方便了。(超市購買清單見P.39)

Good Health 健康食品店

Good Health除了賣一些有機健康食品外，還有許多當地草本品牌的身體清潔、保養品，像是紫蝶花茶、檸檬洗髮乳、沐浴乳、香皂等，另推薦實用的子宮溫熱包。

> **Add** 48/3-5 Sridonchai Rd. Haiua；shop 2 shops, Nimman Soi 5 **Tel** (053)206-888 **Fb** ghshop2000

花茶

子宮溫熱包

草本身體清潔、保養品

尼曼路、輝凱路區

潮流✕設計✕小資購物趣

Think Park創意商圈

本區概覽

出古城的乾帕門沿著輝凱路前行，即會經過輝凱路的Central百貨，繼續往前可抵Maya購物中心。由這個路口左轉即是清邁最潮的尼曼海明路(Nimmanhaemin，一般簡稱「尼曼」)，各條小巷為咖啡館、設計小店及時尚餐廳、夜店的激戰區。由於清邁大學就在附近，這區總洋溢著年輕朝氣，12月初藝術設計週更是值得一訪。

不過現在尼曼路上開了許多迎合中國遊客的商店，Siri Mangkalajarn Rd.的巷弄反而越來越有趣。

←↑尼曼區為清邁最潮的商圈

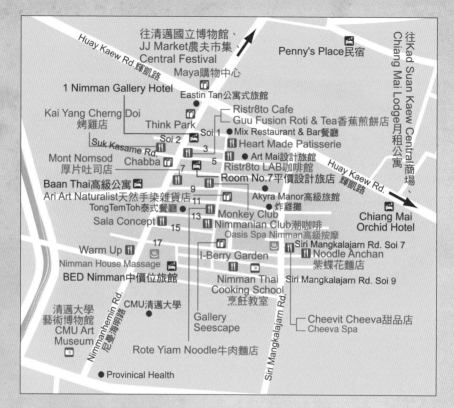

往清邁國立博物館、
JJ Market農夫市集、
Central Festival
Maya購物中心

Penny's Place民宿

往Kad Suan Kaew Central商場、
Chiang Mai Lodge月租公寓

Huay Kaew Rd.輝凱路

1 Nimman Gallery Hotel

Eastin Tan公寓式旅館

Kai Yang Cherng Doi
烤雞店

Think Park

Ristr8to Cafe

Guu Fusion Roti & Tea香蕉煎餅店

Soi 1

Mix Restaurant & Bar餐廳

Soi 2

Suk Kasame Rd.

Chabba

3

Heart Made Patisserie

Mont Nomsod
厚片吐司店

5

Art Mai設計旅館

7

Ristr8to LAB咖啡館

Baan Thai高級公寓

Room No.7平價設計旅館

9

Huay Kaew Rd.輝凱路

Ari Art Naturalist天然手染雜貨店

11

Akyra Manor高級旅館

Chiang Mai
Orchid Hotel

TongTemToh泰式餐廳

炸雞攤

Sala Concept

13

Monkey Club

15

Nimmanian Club潮咖啡

Oasis Spa Nimman高級按摩

Warm Up

17

Siri Mangkalajarn Rd. Soi 7

Nimman House Massage

I-Berry Garden

Noodle Anchan
紫蝶花麵店

BED Nimman中價位旅館

Nimman Thai
Cooking School
烹飪教室

Siri Mangkalajarn Rd. Soi 9

清邁大學
藝術博物館
CMU Art
Museum

CMU清邁大學

Gallery
Seescape

Cheevit Cheeva甜品店

Cheeva Spa

Nimmanhemin Rd.
尼曼海明路

Siri Mangkalajarn Rd.

Rote Yiam Noodle牛肉麵店

Provincial Health

必遊清單：

尼曼路設計小店及咖啡館、Maya購物中心及文青小夜市(週五)、Think Park文創園
區、輝凱路Central百貨前小夜市(週四～六)、Central Festival小夜市(週二)

熱門景點

清邁國立博物館 Chiang Mai National Museum
พิพิธภัณฑสถานแห่งชาติเชียงใหม่

清邁國立博物館是泰北最大的博物館，館內珍藏大量文物，如古老的佛像、古代兵器、陶瓷等泰國工藝品，包括明萊王的蘭納時期、素可泰時期至今日的歷史文物。

若想了解清邁古城的原貌，這裡也有城市模型，清楚標示清邁各座寺廟的位置。

Add 11公路，界遙寺(Wat Chet Yot)附近 **Tel** (053)221-308 **Time** 週三～日09:00～16:00 **Price** 30B **Trans** 由HuayKaew Road往素帖寺方向走，看到Super Highway(11號公路)的指標右轉直騎約5分鐘，左手邊會看到博物館的標示，就在大馬路旁(再往前直走有特易購Tesco大賣場)

周區順遊路線

早上

週末JJ農夫市集→清邁國立博物館→企鵝藝術小區午餐(P.35)

下午

Maya百貨Montra／Oasis尼曼分店／Cheeva按摩→尼曼小巷下午茶、紫蝶花麵店

晚上

Kai Yang Chern Doi烤雞店晚餐

美食情報

Rote Yiam Noodle牛肉麵店

位於11巷內，Impresso咖啡館對面這家受當地人喜愛的牛肉麵店，那夠味又帶點小辣的湯頭，真是讓人一喝就上癮。這家店的麵條完全沒有奇怪的味道，選得相當好，尤其推薦寬麵(有點像板條)。除了牛肉麵之外，這裡還有泰式火鍋。

推薦寬麵，Q彈有勁，牛肉湯頭又夠味

Kai Yang Cherng Doi烤雞店

目前吃到清邁最好吃的烤雞(知名的SP Chicken也不錯，但筆者認為這家更棒)。同樣是慢火烤雞，外皮酥脆入味，肉質更為鮮嫩多汁，羅旺子調製的沾醬實具畫龍點睛之效，十分了得！此外還有各種伊森菜系料理，而且價格非常平價。用餐環境為樸實的泰北風開放式木造建築，吃來輕鬆自在又愜意。

11巷底還有另一家烤雞攤，比較像是小攤的形式，相當受當地人喜愛，每天中午～16:00人潮不斷湧入，非常推薦這裡的烤雞、雞胗、炒豬肝。

02

03

01 餐廳為巷弄內的樸實木造建築
02 同樣提供各種伊森系料理，別忘了再點個糯米搭配著吃
03 筆者認為這家的烤雞比SP Chicken更為鮮嫩多汁，羅望子調醬又具畫龍點睛之效

Add Suk Kasem Rd.
Tel (081)881-1407
Time 11:00～20:30，週一休息

Heart made patisserie優質咖啡館

超級推薦這家小咖啡館,雖然店面小小的,餐點選擇不多,但可期待每道都是最精緻的。尤其推薦這裡的水蜜桃冰茶(Ice Fruit Tea-Peach)。美麗的老闆娘先將紅茶凍成冰塊,呈上來時是一杯冰塊、一杯水蜜桃茶。客人要喝時再自行將水蜜桃茶倒入茶冰塊中,讓茶香慢慢融入水蜜桃茶中。另外,老闆現做的藍莓起司派(Blueberry cheese pie)及布朗尼(Brownie)蛋糕也是一級棒的喔!

左:必點的水蜜桃冰茶/右:布朗尼蛋糕也很香

Add 32, Nimmanhaemin Road Soi 1 **Tel** (083)154-3113 **Time** 12:00~19:00 **Tips** 門口的Casa 2511是間小設計旅館(Web www.casa2511.com)

曼谷紅到清邁的烤吐司名店,半夜肚子餓可以過來跟當地人湊湊熱鬧

Mont Nomsod 知名吐司店

Guu Fusion煎餅店附近還有家從曼谷古城紅到清邁的吐司老店(1964年開業),最受歡迎的口味為煉乳烤吐司、芋頭奶油吐司及香蘭醬烤吐司。但說實在的,這樣的厚片吐司水準在台灣很多地方都可吃到。半夜肚子餓,到清邁想跟風,可以過來嘗嘗。

Add 45/1-2 Nimmanhaemin Rd. 位於7~9巷之間的主要道路上 **Time** 15:00~23:00

Guu Fusion Roti & Tea香蕉煎餅店

許多曾經到訪泰國的朋友,回來後總是對香蕉煎餅念念不忘,而尼曼路上這家香蕉煎餅專賣店,將小吃搬進悠閒小店內,客人可坐在這裡,一面喝茶,一面將香脆的煎餅送進口中,並提供更多樣化的煎餅口味。

> **Add** 5/4 Soi 3 Nimmanhaemin Road,Suthep **Tel** (082)898-8992 **Time** 09:30～22:45 **Trans** 位於尼曼路上,3巷口

I-Berry Garden概念餐館

I-Berry是泰國連鎖冰淇淋店,由泰國知名搞笑藝人所開設,在曼谷的每家店都各有特色,而坐落在廣大庭院內的清邁分店,可說是這個品牌的旗艦店。

綠草地上站立著一隻巨型粉紅狗像,餐廳內各種創意又有趣的設置,讓遊客爭相拍照;不過這裡的餐點普通,較推薦的是隔壁開業已久的乾火鍋平價小餐館。

I-Berry Garden旁邊相當推薦的乾火鍋

> **Add** Nimmanhaemin Road Soi 17 **Tel** (053)895-181 **Time** 10:30～22:00 **Trans** 由尼曼路轉進17巷直走,十字路口會看到Seescape藝廊,轉進這條小巷直走,看到BED旅館左轉,再直走即可看到

Noodle Anchan 紫蝶花麵

來到尼曼區，除了烤雞之外，還要記得來嘗嘗清邁最著名的紫蝶花麵店。這裡的麵條是紫蝶花特製的紫色麵條，口感相當Q彈清爽，配菜豬肉的軟嫩度也料理得剛剛好。平價又美味，難怪只要提到紫蝶花麵，清邁人一致推薦這家！

Add Sirimangklajarn soi 9
Tel (084)949-2828
Time 09:00～16:00

吃完還可買瓶紫蝶花回家，另還有特製的紫蝶花藥膏

知名的Cheeva Spa店開設的甜品店

Cheevit Cheeva甜品店

這家甜品店之所以如此熱門，不只是裝潢甜美，甜點更是好吃，尤其推薦這裡綿細香醇的雪花冰。另還有端上桌才現場烤火的起司蛋糕，更增添蛋糕的起司香氣。除了尼曼區這家店外，靠近機場的Nim City小商圈也開設了一家新分店。

Add Siri Mangkalajarn Rd Soi 7
Tel (087)727-8880 **Time** 09:00～22:00

清爽美味的雪花冰

↘現烤的
起司蛋糕

▶ Ristr8to Cafe
清邁知名咖啡館

國際拉花比賽得主開設的咖啡館，由於咖啡非常香醇，並供應許多澳洲最流行的咖啡口味，在清邁迅速走紅。除了尼曼路上的這家本店外，現在後面的小巷內還開設了一家空間較大的分店Ristr8to LAB。

Add 15/3 Nimmanhaemin Rd. (3～5巷之間) **Tel** (053)215-278 **Time** 07:00～18:00 **Web** ristr8to.com

Ristr8to LAB
Add 14 Nimmanhaemin Rd. Soi 3
Time 08:30～19:00，週二公休

▶ Nimmanian Club
潮咖啡

這家咖啡館定位為尼曼人的咖啡俱樂部，內部裝潢時尚之外，這裡的招牌飲料「蝴蝶效應」(Butterfly Effect)更是炫。

飲品的調製方式較為獨特，將調雞尾酒的方式應用在咖啡及茶類上，「蝴蝶效應」便是如此。一端上桌，你還以為自己點了威士忌呢！其實這款飲料完全是非酒精飲料，而且還是茶飲喔！喝的時候，要將祕方特調茶倒入紫蝶花茶凍製的冰塊中，那風味是既泰國、又充滿神祕的異國風情。想喝咖啡的話，則推薦Nimmano這款凍美式咖啡。

Add 12/8 Nimmanhaemin Rd.，13～15巷之間 **Tel** (086)188-7779 **Time** 09:00～21:00

清邁 Chiang Mai

Salad Terrace 沙拉料理

原本尼曼路上的Salad Concept品質慢慢改變之後，許多喜愛沙拉料理的客人，也有了新選擇。Salad Terrace都是自家栽種蔬菜，品質控管嚴格。除了沙拉料理之外，一般料理也做得相當到位，另還非常推薦這裡優質好吃的泰式甜點。

01.沙拉都是自家栽種，品質控管嚴格 **02.**店內裝潢相當可愛，是當地家庭週末最愛的用餐地點 **03.**放在小木櫃裡的甜點，美味又平價，可別錯過了

Add 27 Kutao Road, Sriphum
Tel (083)570-3954
Time 11:00～21:00
Trans ITM按摩學校及人妖劇場附近的Tops超市內

購物搜羅

尼曼設計節

每年12初會有為期6天的尼曼設計節，記得要過來挖寶，幾乎所有清邁的優質設計產品都到場了，好買、好玩、又好吃，這裡的美食也較有創意喔！

尼曼每年一次的設計節，有趣極了，幾乎所有當地設計品牌都集合在一起了，怎麼可能挖不到寶

不但產品優質，就連攤位設計都很有風格

Gallery Seescape

清邁大學藝術系畢業的藝術家Torlarp Larpjaroensook與其他5位藝術家共同創立的藝廊。他們在此建造自己的家園、手作所有家具，體現將藝術生活化的Functional Art。

這片小天地共分為3區：前面有個Hern創意小商店，販售當地藝術家創作的美麗戒指及各種小飾品、居家雜貨；後面是小藝廊及工作室；另設有咖啡館，讓客人在此慢慢遊逛，享受這裡的藝文氣息。

Add 22/1 Nimmanhemin Road Soi 17
Tel (093)831-9394
Time 週二～日11:00～21:00

蝴蝶吊飾

回收鐵製作的檯燈

少數民族飾品及改良過的服裝

Chabaa民族風服飾店

想要找獨特或華麗的民族風服飾，這裡的花裙、連身裙，及飾品、包包，絕對讓你驚艷。就連店面都裝潢得五彩繽紛，成為Nimmanhaemin街上最亮眼的一家。

這一個小區有多家優質商店，往裡走還有另一家黃色外觀的民族風商店，內有別致的多用途髮帶；再往內走還有皮鞋店及高級女裝店。

Add 14/32 Nimman Promenard, Nimmanhaemin Road **Tel** (053)221-824
Time 10:00～20:00 **Web** www.atchabaa.com **Trans** 4巷Wawee咖啡館旁

也可買到優質皮鞋

這區有很多可愛的小店

Maya購物中心

原本設定為清邁的高級購物中心,但頂級奢華不是大部分清邁人的風格,所以店已經倒過一輪,有點空。還好裡面的Rimping超市及美食街還可以撐點場面,一樓有著名的Dhara Devi(原東方文華)的馬卡龍,樓上還有個24小時營業的咖啡館Camp AIS,清邁年輕人最喜歡到這個有趣的空間讀書、聊天,混一整天。此外,樓頂還有幾家Bar及餐廳,景觀好,晚上的氣氛也不錯。若剛好安排週五過來,也可逛逛外面的小夜市,可找到一些不錯的服飾及創意商品。商場內的Montra按摩也很超值,地下室則有手標奶茶專賣店。

01.定位為高級百貨公司的Maya **02.**B1的美食區可吃到各種泰國經典小吃 **03.**有趣的24小時Camp咖啡館 **04.**週五外面有個文青小夜市

Think Park設計區

Maya對面的Think Park,相較之下有趣得多。因為這裡可找到一些當地的設計品,例如以大豆製成的環保香氛蠟燭,晚上還有些小攤在這裡販售自己的設計品。

01~02.這裡的商品多為當地設計師的作品 **03.**Maya對面的Think Park區,Local Cafe咖啡館的飲料頗有水準

Kad Suan Kaew(Central)購物中心及週四～六小夜市

Kad Suan Kaew是離古城最近的大型百貨商場，除了一些獨立商店之外，裡面還有Central百貨公司。商場內有男女時裝、童裝、休閒運動服飾區、書店、連鎖餐廳，最上面還有平價首輪電影院；B1則有兩個美食區，靠近Tops超市的是新裝潢的美食區，往商場裡面的另一個美食區選擇較多，週末有時還有現場音樂表演。Tops超市除了優質的新鮮蔬果外，還有一整區泰國草本保養品及開架式藥妝，各國礦泉水的部分也很精采(飲料冰櫃區)。

最推薦的是週四～六的小夜市，傍晚時許多小攤販會在百貨商場外的平台擺攤，另也有許多小吃，如辣米線、咖哩麵、烤丸子、烤魷魚、炒麵等。吃完飯後還可以到旁邊享受平價按摩！

Add 21 Hauy kaew Road **Tel** (053)224-444 **Time** 10:00～21:00 **Web** www.kadsuankaew.co.th **Trans** 由Hualin Corner城角轉進 Huay Kaew路直騎約2分鐘即可抵達。地下室有摩托車及汽車停車場。若要回古城可到對面搭雙條車，大約20～40B

01.還有平價的腳底按摩及全身泰式按摩 02.小吃區週末有現場音樂表演 03.Central百貨裡有些平價的鞋店、服飾店 04.百貨商場1樓的平價休閒服飾店

Ari Art Naturalist 天然手染雜貨店

尼曼路Soi 11新開的小店,商品都是對環境友善的Indigo dye天然藍染,樣式也較為特別,類型廣,雖然店面小小的,但很精采。

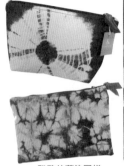

雅致的藍染圖樣　　　全為友善的天然植物染商品

■ Nimman House Thai Massage (นิมมาน เฮ้าส์)平價優質按摩

Add 59/8 Nimmanhaemin Rd, A.Muang
Tel (053)218-109
Web www.nimmanhouse.com
Trans 位於尼曼路靠近清邁大學,17巷旁的停車場內,Warm Up夜店對面

位於尼曼區的優質按摩中心,整體風格溫暖又雅致。管理嚴謹,服務跟品質都有一定水準,非常推薦的一家按摩中心。按摩療程的價錢又合理,是逛完尼曼區或素帖寺山區的理想放鬆地點。

位於尼曼路17巷旁的停車場內

推薦療程:
Nimman House Lanna Massage(足部及泰式按摩)600B／2.5小時,
Nimman Thank You Very Much(泰式按摩及熱油或精油按摩)850B／3小時,另還有身體去角質及臉部清潔的套裝療程。

優雅的泰北風格

JJ Market農夫市集Farmer's market & Green market Chiang mai

清邁也有個JJ market(Jingjai hobby market)，每週末平時隱居在周邊的農夫、工藝家們，會將自己的產品拿到這個市集上販售，因此常可在此買到獨一無二的商品。

Time 週六～日06:00～14:00

許多手工藝人週末會到此販售自己的作品，因此可找到些較特別的商品

Central Festival購物中心

Central Festival是清邁規模最大的購物中心，專櫃品牌也是最接近曼谷潮流的。除了國際平價品牌外，還有許多遊客會買的曼谷包，3樓的部分則有童裝部及兒童遊戲區Education Zone，5樓生活區可買到各種生活雜貨及天然香氛保養品。地下樓層的超市最為精采，幾乎所有遊客會買的伴手禮，這裡均可一次購齊，另還精選了許多當地小品牌的優質商品。

01 週末常有親子活動
02 5樓好逛的生活雜貨區
03 這裡的專櫃品牌算是最接近曼谷潮流的
04 知名的泰式甜點店Wanlamun在此也設有下午茶室，超平價就可享用泰式下午茶點
05 超市有一整區天然保養品及遊客必購伴手禮

Add T. Fan Ham, A.Muang chiang Mai **Time** 11:00～21:00，週五～日開到22:00 **Trans** 距離古城區有點遠，若由Maya(尼曼區)搭雙條車過去約50B／15分鐘車程，購物中心也提供免費接駁車(包括尼曼區的Orchid Hotel、古城區的Imm及Tamarind Village旅館前、觀光夜市的Le Meridien、D2及Royal Princess等旅館前)

松達寺、清邁大學、悟孟寺區

隱逸╳藝術╳清幽

本區概覽

藝術村

沿著松達門出去的素帖路，會行經松達寺及清邁大學
(尼曼路底)，彎進悟孟寺再往裡走，還隱藏了讓當地人
享受悠哉好日子的藝術村(P.36)和咖啡館區。到清邁
當然還得到山上的素帖寺朝聖，繼續往山裡走還有
蒲屏宮、苗族村，回程也可停清邁動物園。

悟孟寺

松達寺

素帖寺

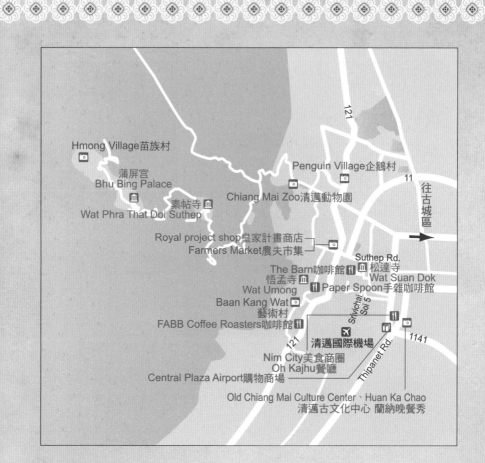

Hmong Village苗族村

蒲屏宮
Bhu Bing Palace

Chiang Mai Zoo清邁動物園

素帖寺
Wat Phra That Doi Suthep

Penguin Village企鵝村

往古城區

11

121

Royal project shop皇家計畫商店
Farmers Market農夫市集

The Barn咖啡館

悟孟寺
Wat Umong

Baan Kang Wat
藝術村
FABB Coffee Roasters咖啡館

Suthep Rd.
松達寺
Wat Suan Dok

Paper Spoon手雜咖啡館

Srivichai
Soi 5

清邁國際機場

121

Nim City美食商圈
Oh Kajhu餐廳
Central Plaza Airport購物商場

Thipanet Rd.

1141

Old Chiang Mai Culture Center、Huan Ka Chao
清邁古文化中心 蘭納晚餐秀

必遊清單：

松達寺、悟孟寺、藝術村(P.36)、清邁大學藝術中心及Royal Project商店、素帖寺

熱門景點

清邁大學藝術博物館
Chiang Mai University Art Center

定期展出新銳藝術家作品

清邁大學建於西元1964年，是第一所在曼谷以外的區域設立的大學，占地達14平方公里。大學位於Suthep Road及HuayKaew Road之間，裡面有廣大的綠園，多家好餐廳及小咖啡館。

大學內的藝術博物館，定期展出藝術系學生及東南亞藝術家的現代藝術創作，戶外草地上也可看到大型裝置藝術，旁邊的小戲劇廳常舉辦免費的音樂會。此外還可以到大學附設的懷橋植物園(Huay Kaeo Aboretum)走走。農業學院也設有皇家計畫商品店，除了生鮮蔬果外，還有熱門的皇家蜂蜜、牛乳片。

Add Suthep Road及 Nimmanhaemin Road街角 239 ภ.นิมมานเหมินท์ อ.เมือง จ.เชียงใหม่ **Tel** (053)218-280 **Web** www.cmumuseum.org

Add Suthep Road **Price** 20B **Trans** 松達寺位於古城外西邊，由帕邢寺後面的Suandok古城門出城，經過Sriphat醫學中心(Medical Center)繼續往前走，會看到另一家醫院Neurological，松達寺就在醫院對面。由帕邢寺騎車或搭雙條車約10～15分鐘 **Tips** 再往前騎就是清邁大學藝術中心，距離尼曼區也不遠，可在這附近喝咖啡、用餐

松達寺（Wat Suan Dok）

松達寺建於西元1383年，所在位置是蘭納王朝的御花園，因此又有個「花園寺」的美名。一整區供奉蘭納皇族遺骨的白色佛塔(Chedi)墓園，坐落於茵茵綠草地上，精細的雕刻，在燦爛陽光的照耀下，讓許多遊客猛按快門。夕陽晚霞的景致，最是迷人。

墓園旁有座巨大的錫蘭式鐘形佛塔，階梯兩旁則是五頭身的納迦雕像。這座佛塔主要是為了紀念遠從錫蘭到此講學的佛學大師瑪哈泰拉蘇瑪那(Phra Sumana Thera)。據說他當時曾住在這個花園中，周圍種著菩提樹。現在佛塔旁仍住著各地到此習佛的出家人。

佛塔旁的大寺廟，供奉一座500多年歷史的青銅佛像(16世紀)，是泰國最大的佛像之一。清邁宋干節的主要宗教儀式，就在松達寺舉行。這裡也有定期的免費禪修課程。

悟孟寺(Wat Umong) วัดอุโมงค์

Umong的意思是「隧道」，因為在最高層的佛塔下，散布著通往各個佛窟的隧道。這源自14世紀時明萊王看中城外這片幽靜的森林，便令人在此建造寺廟，讓出家人可在此淨修、在林園中散步、冥想。

另外還特地利用這裡的地勢挖掘穴道，將佛像放置其中，僧人在此清心地雙手合十，一無所求。洞窟裡還繪有精采的壁畫，但以往沒有照明燈，因此古人巧妙地在每個地底佛窟兩側開孔洞，讓自然光照入。可惜現已斑駁失色，只能從舊照緬懷逝去的美麗。但隧道卻是寧靜清心的環境，吸引各方人士到此禪修。寺中有禪修中心，圖書館內也收藏許多英文佛教書籍。

相當值得參觀的寺廟祕境

Add Soi Wat U Mong, Th Khlong Chonprathan **Tel** (053)273-990 **Trans** 由松達寺所在的Suthep Road繼續往前騎，看到Wat Umong及Map Foundation招牌的小巷轉進去(傍晚小巷對面有很多小吃)，繼續往前騎約2公里就會看到悟孟寺入口；由松達寺騎車到此約10～15分鐘

動物園及水族館(Chiang Mai Zoo & Aquarium)

位於素帖山腳下的清邁動物園，飼養著許多東南亞各地的動物和飛禽，也可來此體驗餵食大象的樂趣。動物園從中國租來兩隻熊貓，建造了一座熊貓館，另外還有冰雪館(Snow Dome)，讓熱帶國家的遊客體驗冰雪覆蓋的寒冷。

水族館內有東南亞最長的水底隧道，長達133公尺，共有2千多種海底生物。館內也有最受小朋友喜愛的海豹秀及動物秀。整個環境依山而建，頗有森林動物園的感覺，適合親子活動，也可善用園內可隨上隨下的接駁園車。

Add 100 Huay Kaew Road T. Suthep **Tel** (053)210-374 **Time** 08:00～17:00 **Web** www.chiangmaizoo.com **Price** 門票150B，兒童70B。熊貓館100B，兒童50B；冰雪館150B **Tips** 由市區搭雙條車到動物園約30分鐘，動物園外有雙條車可到素帖寺，這兩個景點可安排在同一天(時間充裕的話，還可參觀蒲屏宮及苗族村)

素帖寺是清邁最重要的寺廟之一

素帖寺 (Wat Phra That Doi Suthep)
วัดพระธาตุดอยสุเทพ

素帖寺，又名雙龍寺，距離市區約15公里，海拔1,080公尺，是清邁最重要的地標，可以從廟內平台俯看清邁市郊景致。

寺廟建於西元1383年，據說當年在泰北發現釋迦牟尼佛的舍利子後，將舍利子放在神聖的白象背上，由白象來尋找供奉舍利子的位置，最後白象停在素帖山這個位址。

廟前有兩條長龍沿著290個台階延伸到寺廟，信徒可拾級而上或搭纜車往返。佛祖的舍利子現供奉在寺內22公尺高的蘭納式金色佛塔中，四角還有金色聖傘。許多佛教徒特地前來朝聖，拿著花束沿著金色佛塔繞行祈福。佛塔前有兩座碧玉佛像，四周也掛滿祈福鈴。

每年5月中，總會聚集3萬多名信眾一起步行上山朝聖，15公里的路程約需6小時。信徒會從晚上開始走，沿路有各種慶典表演及小吃，熱鬧不已。抵達後在廟中過夜，早上和廟裡的法師一起禮佛祈福。若不想走上山，當天早上市中心的各座廟宇也都有慶典活動，早上5點時，僧侶也會上街化緣，為信徒祝禱。

這裡也有國際佛教中心(International Buddhism Center)，各地人士會集在此靜修。

Add Tambon Suthep
Tel (053)248-604
Time 06:00～20:00
Price 外國人30B
Trans 從動物園搭雙條車單趟50B、來回80B～120B，乘客4人以上才會開車(包車約600B)；自行騎摩托車約30分鐘車程

寺裡掛滿信徒虔誠的祈福鈴

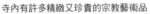
寺內有許多精緻又珍貴的宗教藝術品　持花繞著金塔祈福

蒲屏宮（Bhu Bing Palace）

素帖山上的蒲屏宮建於西元1962年，是泰皇的行宮。白牆黃瓦的建築，坐落在蒼森林木中，庭院萬朵玫瑰花綻放時，真是優雅又浪漫的避暑地。

進入蒲屏宮不可穿短褲或無袖衣服

早上山區有點涼，記得帶件外套

Add Doi Buak Ha, Tambon Suthep
Tel (053)223-065 **Time** 08:30～15:30 **Web** www.bhubingpalace.org **Price** 50B **Trans** 由素帖寺到蒲屏宮約7公里，離市區約22公里
Info 不可穿短袖短褲，否則須在入口處租衣服

小小的民族博物館，展示一些生活用品

紀念品村

美麗的苗族服飾

小小的瀑布區

苗族村（Hmong Village）

這座苗族村位於素帖山區，整座村莊就像觀光中心，幾乎家家都賣著大同小異的少數民族手工藝品及服飾。村內還有個小小的少數民族博物館，陳列各種生活用品，不過稍嫌簡陋。另外還有個精心設計過的花園及小瀑布區。

動物園到素帖寺約15公里，素帖寺到蒲屏宮3公里，蒲屏宮到苗族村5公里。這段路線路況很好，可考慮租摩托車，但路途並不算短，要有心理準備。

Price 村莊免費參觀，瀑布區酌收30B入園費 **Trans** 由蒲屏宮到苗族村入口約4公里，但從入口處轉進小路仍須再騎3～4公里；蒲屏宮外有雙條車可到苗族村或素帖寺

美食情報

The Barn大學生最愛咖啡館

參觀松達寺後,可到寺後面巷子的穀倉咖啡館喝飲料或吃飯。這家以穀倉為設計概念的咖啡館,是清邁大學設計系學生所設計的,宛如這個小區的社區食堂,這裡的義大利麵及飲料,都是平價又美味,環境布置文青風,又不失清邁獨有的悠閒感。

Add Srivichai Soi 5, Amphoe Mueang Chiang Mai **Tel** (094)049-0294 **Time** 10:00〜01:00 **Trans** 面向寺廟,往右手邊的小巷子走,再左轉到底,咖啡館就在路口

FABB Coffee Roasters 專業咖啡

如果你是個咖啡癮客,那麼位於大學運河區的FABB Coffee Roasters咖啡烘焙實驗室,應該會是個好去處。這家咖啡館的位置遠離塵囂,坐落在僻靜的小社區。內部有一整面牆,掛著來自世界各地共65種咖啡豆,整體布置充滿溫暖的手作感。所有的咖啡都是自家調配、烘製的,另也開設咖啡課程。

Add 91/11 Moo 5, Sutep **Tel** (053)329-296 **Time** 08:00〜20:00,週一公休

Nim City美食商圈 Oh Kajhu餐廳

清邁著名的Oh Kajhu是一家認真落實從農場到餐桌的美食餐廳,所有的蔬菜都是自家有機農場栽種。先是在農場旁開設了第一家餐廳後,又在較靠近機場的Nim City開設第二家分店。所有菜肴除了鮮之外,擺盤與顏色都讓人看了就食欲大開!

推薦晚餐到Oh Kajhu吃飯,再到隔壁的Cheevit Cheeva新分店吃甜點,接著到Central Plaza Airport購物中心採買。

Add Nim City Daily, 197, 199/8 Mahidol Road **Time** 09:30〜21:00

購物搜羅

◆ Central Plaza Airport購物商場

靠近機場的Central Plaza Airport是清邁規模較大的購物商場，由古城區到此約15～20分鐘，裡面除了有各家品牌專賣店外，還有Central百貨，是瘋購超值內衣、泰國當地服裝品牌的好地方。樓上還有一區泰北特產工藝品區，各種品質較好的手工藝品、特產，都可一次購齊。這區還有家平價按摩店，逛累了可到此放鬆一下。而B1的美食街更是不可錯過，小有傳統蘭納風格的用餐環境，讓人大啖泰北的辣湯麵、咖哩麵、香蕉煎餅等小吃之外，還可順便購買優質食品。由市區過來時，會經過高架橋旁的Rimping有機超市Nim City美食商圈。

Add 2 Mahidol Road(Highway 1141) เลขที่ 2 ถ. ตำบลหายยา อ.เมือง จ.เชียงใหม่ 50100 **Tel** (053)999-199 **Time** 10:00～21:00 **Web** www.centralplaza.co.th **Trans** 由古城西南角Ku Huang Corner沿著Mahidol Rd. (路口有往機場的路標)直騎約15分鐘，從高速公路底下的路回轉，往前騎會看到入口，沿路騎就會抵達摩托車停車處。入口處須拿票，但不需付費，出去時再將票還給門房(記得收好別丟了)

01.這家購物中心的專櫃多為一般上班族服飾 02.工藝品區內的Mr. leaf，利用當地樹葉做成各種包包配件 03.很受歡迎的平價按摩店 04～06.樓上的Northern Village有各種泰北優質手工藝品

清邁夜，哪裡去？

(左)近距離接觸動物，(中)夜間水舞，(右)最後還可席地坐下來吃小吃看人妖秀

No. 1 清邁夜間動物園 Chiang Mai Night Safari
เชียงใหม่ไนท์ซาฟารี

清邁夜間動物園占地130萬平方公里，園內
共分為蘭納村、天鵝湖區、徒步冒險區等。
最好玩的當然是搭著四輪傳動車到動物棲
息區，近距離觀看長頸鹿、袋鼠、獅子、老
虎、熊……等動物。最後還可在天鵝湖觀看
水舞，或是像蘭納人席地坐在小桌上享用當
地小吃，欣賞優美的人妖秀舞蹈表演。
晚上的活動相當緊湊，基本上只要跟著動物
園所安排的活動跑，就可以享受一個精采的夜晚了(先搭園車參觀動物棲息區→老虎
秀→水舞表演→夜行性動物表演)。建議先吃晚餐，最好6點前抵達。附近有家充滿叢
林野趣的Khaomao-Khaofang黑森林餐廳，周邊路線建議請見Oasis Resort(P.57)。

Add 33 Moo 12, Tambon Nhong kway, Amphoe Hang Dong
　　　33 หมู่ 12 ตำบลหนองควาย อำเภอหางดง จังหวัดเชียงใหม่
Tel (053)999-000 **Time** 11:00～22:00 **Web** www.chiangmainightsafari.com
Price 800B，兒童半價，透過網路或旅行社購買較便宜
Trans 從市區搭車到輝凱路(Huay Kaew)，接著右轉121號高速公路到Hang Dong約10公
里處，再右轉繼續走2公里即可抵達；或從觀光夜市(Night Bazaar)搭接駁車到園區。建議向
旅行社購買含來回接送的套票

Khaomao-Khaofang黑森林餐廳
Add 181 Moo 7 Ratchaphruek Rd., Nongkwai **Tel** (053)838-444
Time 11:00～15:00，17:00～22:00

No. 2 Khum Khan Toke 晚餐秀

在蘭納建築圍繞的開放式庭園中享用晚餐,還可一面欣賞蘭納燭光傳統歌舞。

另一家是老牌的Old Chiang Mai Culture Center,同樣在傳統蘭納建築中,提供相同的服務。賓客席地靠在舒服的三角墊上享用蘭納傳統餐,並欣賞傳統蘭納舞,之後還有精采的少數民族表演活動。相當推薦大家排一個晚上,到此欣賞這泰北特色的表演。

↑若不方便席地用餐,也有一般餐桌的座位區

Add 139 Moo 4, Nong Pakrung / 139 หมู่ 4 ต.หนองป่าครั่ง อ.เมือง **Tel** (053)304-121 **Time** 11:00～24:00;自助中餐11:00～14:00 **Price** 每人590～850B **Web** www.khumkhan toke.com

清邁古文化中心
Add 185/3 Wualai Rd **Tel** (053)274-094 **Time** 19:00及20:00兩場 **Price** 每人570B **Web** www. oldchiangmai.com **Tips** 訂票時建議也訂來回交通接送,這裡的雙條車價錢較亂

蘭納晚餐秀
Huan Ka Chao
Add 6/6 Kaeo Nawarat Soi 3/3, Kaeo Nawarat Rd
Tel (053)262-905
這是平價溫馨版的蘭納晚餐秀,位於平河邊的Wat Ket住宅區中,提供傳統蘭納餐,讓賓客一面享用晚餐,一面欣賞傳統蘭納舞蹈。

No. 3 North Gate 爵士樂酒吧

在北門城牆邊,是最近很受外國遊客喜愛的爵士酒吧。週二有最棒的爵士樂團,千萬別錯過!

Web northgatejazz.blogspot.com **Trans** 由Sriphum Corner往北門Changpuak Gate走,過7-11繼續往前走就會聽到音樂聲(還沒到Praprokklao Road)

No. 4 Namton's House Bar 嬉皮酒吧

不但環境獨特,還提供清邁極為少見的手工啤酒(不過手工啤酒的價格也較貴)!

尼曼路另有2家受當地人喜愛的夜店Wam Up及Monkey Club。

Add Chiang Mai-Lam Phun Rd.
Time 15:00～23:00,週三休息

深入體驗 清邁慢活

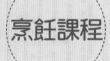

烹飪課程

清邁城內有許多烹飪學校，一般課程為800～1,000B。

Sammy's Organic Thai Cooking School

位於清邁郊區的有機農場烹飪課程，有別於市區的烹飪教室，充滿了開闊與綠意，讓遊客在此親近稻香與菜香。

Sammy會先到旅館接學員，再到當地市場認識椰奶的製作過程及各種食材。抵達農場後，到菜園近距離認識新鮮食材，接著由親切的Sammy夫婦帶大家在輕鬆的氣氛下學習各道傳統泰國菜及甜點。

Add 65 Moonmuang Road, Chiang Mai, Thailand **Tel** (081)570 9279 **Price** 1,000B **Trans** 免費接送

01.Sammy會先接大家到市場認識各種泰國食材，包括椰奶的製作過程、泰國傳統奶茶及咖啡 02.開始動手做各種經典泰國菜及甜點 03.學習過程相當輕鬆有趣，讓遊客在此度過自在愜意的時光

Nimman cooking school尼曼烹飪課程

住在尼曼周邊，也不需要跑進古城就可以學泰菜了！iberry Garden附近就有一家尼曼烹飪課程，而且早上課程參觀的就是清邁著名的貴婦菜市場，不但較乾淨，食材優，又有許多寶可挖。晚上的課程無法參觀菜市場，會教授基本的雕花技巧。

這裡較大的特色是，上菜市場時，老師會先教學員一些基本單字，讓學員上菜市場練習以泰文買菜，其中還包括各種常用食材的介紹、如何購買泰國米等。如果計畫到清邁小住一段時間，非常推薦先到這裡學一堂課。

Add 28/4 Nimmanhaemin Soi 17, Sutep **Tel** (083)575-0424 **Price** 1,290B／1,890B **Web** nimmanthaicooking.com

老師教學員如何買菜、挑菜、甚至買米

Thai Akha cooking school 泰阿卡烹飪課程

這家烹飪教室就在古城的帕邢寺附近,之所以能從眾多烹飪課程脫穎而出,是因為這裡教授的料理精神是「Cook with your heart」,而這也是泰菜料理的中心原則。

在學習的過程中,也會發現Thai Akha的老師特別能抓出基本原理,幾句話就能讓吃了多年泰菜的人忍不住說道:「原來如此!」例如,辣椒的辣度,原來是視捶打的程度而定的。而且整個教學過程相當輕鬆愉快,學員們也可互相交流。

此外,這裡最大的特色是,不但教各種泰國經典菜,還會教廚師的家鄉菜阿卡族(Akha)料理,讓學員有機會以自然食材料理出叢林美食,所以一堂課下來,竟有11道菜之多(一般為6道菜)。

教室可容納1~11人,旺季時建議2~6天前先預約,若有特別想學的菜也可提出要求。早上的課程含市場巡禮,分享食材的小故事,素食者也可以一起上課,肉的部分會改以豆腐代替。

Add Arrag Rd 4 A, Amphoe Mueang Chiang Mai
Tel (061)325-4611 **Price** 早上課程1,000B、晚餐課程900B
Web www.thaiakhakitchen.com

01.這裡所想傳達的是料理精神 **02**.早上的課程還會到市場認識各種食材 **03**.學員在輕鬆的課程中學習泰菜及阿卡菜(以上照片提供/Thai Akha)

正統泰拳

初遊泰國的遊客,總會想到泰拳場見識何謂正統的泰拳。清邁的塔佩門附近就有一處泰拳場,晚上即可觀看比賽。不過這家泰拳場有點偏表演性質,對泰拳有興趣者,也可到古城外的Chiangmai Boxing Stadium觀看。

泰拳運動的好處

Muay Thai泰拳的「Muay」字取自梵文,人說這是一種「八肢的藝術」,因為泰拳必須使用雙拳、雙腳、雙肘、雙膝這八點,在極短的距離下,進行攻擊。這也是一種很棒的全身有氧運動,有助於增進心肺功能,且攻擊的練習能讓肌肉更為緊實,防衛的練習則讓關節更為柔軟,並有助於心智應變能力的訓練。

泰國的乃克儂東(นายขนมต้ ม)這位傳奇人物被認為是「泰拳之神」,每年的3月17日泰拳節則為他的紀念日。

按摩體驗

ITM按摩學校

這是泰國教育部及公共衛生部所認可的按摩學校，許多頂級Spa按摩中心的按摩師都師承於此，可說是泰國最專業的按摩學校之一。

週一～週五下午還提供2小時的免費練習時間，並提供1小時的瑜珈或太極氣功課程。課程依程度而異，有2、5或10天以上的課程及專業的教師訓練課程，費用4,200B起，每天上課時間為09:00～15:00，以英文教學。

除了按摩學校之外，在台灣民宿Penny's Place那區還有家Spa Mantra按摩中心，即使不學按摩，也可過去享受專業的Spa療程。

Add 59/9 Chang Puek Road Soi 4 **Tel** (083)763-1002 **Web** www.itmthaimassage.com
Trans 由古城北門Chang Puak Gate直走，沿Chang Puak Road走到Soi 4(Chang Puak巴士站對面)，左轉進去約100公尺；第一條巷子再左轉進去即可看到(巷口為Venus Hotel)，步行約20分鐘

Tips 官網上有住宿及清邁生活資訊，可線上註冊，印出確認單，報到當天出示確認單

Loi Kroh Massage傳統泰式按摩瑜伽中心

位於觀光夜市附近的這家專業按摩中心，創立於1998年，除了提供傳統泰式按摩課程外，還提供這裡特別專精的腹部排毒按摩及各種進階課程。老師均相當專業，課程也非常扎實，並附設民宿供學員使用。(9～10月淡季常有促銷，按摩介紹見P.44)

Add 1/3 Loikroh road Soi 3, T. Changklan **Tel** (053)274-681
Web Loikrohmassage.com

附近還有家**The School of Massage for Health Chiang Mai**，有位會說中文的按摩老師，課程包括1天的 藥草球按摩課程 **Add** 10/1 Charoensuk Road **Tel** (053)404-028 **Time** 週一～週五08:30～16:00。
Ong's Thai Massage School 很多日本學生，老師授課態度認真、仔細。
Tel (086)114-0219 **Web** ongs-thaimassageschool.com **Price** 2,000B起

禪修課程

素帖寺、悟孟寺、松達寺都有禪修課程。

素帖寺國際佛教大學
(MCU. Buddhist University Chiang Mai Campus)

สอนภาษาไทยแก่ ชาวต่างชาติ

銀廟的法師講道

法師講道(Monk Chat)
Time 每週一～五17:00～19:00

禪修課程(Meditation Retreat Workshop)
Time 每週的週二～週三(2天)；每月最後一週的週二～五(4天)
Web www.monkchat.net
Info 有時候會停課，出發前請先參見網站

語言課程

YMCA語言課程

YMCA提供專為外國人開設的泰文課，基礎課程約1,900B，另外還有日常生活用語課及旅遊泰文課程，對於短期在泰國居遊者很有幫助。這裡也提供住宿服務，房間簡單但很整潔。

Price 單人房300B起，雙人房500B起，多人房200B／每人 **Web** www.ymcachiangmai.org

NES在尼曼區及古城區都有設點

The British Council

清邁的The British Council 也有英文課程：

Add 198 Bamrungrai Road
Tel (053)242-103
Web www.britishcouncil.or.th
Price 學費約5,000B

AUA及NES泰英文語言學校

這兩家是清邁最大的連鎖語言學校，規模像台灣的補習班。AUA在泰國各大城市均設有分校，提供泰文課程。NES提供泰、日、韓、德、法、中文課程，較多外籍人士到此上課。

NES Add 10 Nimmanhaemin Road Soi 17
Price 以小時計，買的時數多越便宜
Web www.nesbaanpasa.com/NESschool

AUA Add 24 Rajadamnern Road
Price 學費約4,000～5,000B
Web www.learnthaiinchiangmai.com

近郊行程──
熱血叢林體驗

本區概覽

清邁附近山區有許多大象保育園區，是遊客親近大象的好去處；喜歡大自然者，甚至可入住樹屋，一圓湯姆夢，或到泰國最高山茵他儂國家公園健行(P.140)、入住少數民族村高腳屋，亦或參加鄉間單車之旅；而叢林泰山更是必體驗活動，若還想體驗更刺激的活動，高空彈跳、叢林越野車、攀岩等挑戰極限的活動等著你。

貼近自然

素帖山區
過Maya繼續往前走，可上山拜訪素帖寺、蒲屏宮、苗族村，山腳下則為清邁動物園。

驚豔工藝

寶桑區及三甘烹區

以紙傘、陶藝工坊及手工藝聞名，這區的稻田間隱藏了許多工藝小店及餐廳，2016年新開的當代美術館也在這區。

挑戰極限

湄林山區

湄林山區則猶如台北的陽明山，清邁四季及多家高級旅館坐落在這區，另還有蘭園、猴園、蛇園、高空彈跳等。

必遊清單：

叢林泰山＋大樹咖啡、寶桑及三甘烹藝文路線、大象園、泛舟

往Mae Pong

121

Mae Khao

Meena Rice Based Cuisine
米創意料理餐廳

Bo Sang Umbrella Village
寶桑製傘中心

3029

Soi 4

Parkeryawshop
優質老工藝品店

1006

Chic Cotton
Lanna Kitchen Food&Art

清邁青瓷

往Sankhampang Hot Springs溫泉

1014

Fa Luang
Village

Wat Buak Krok Luang

The Dhara Dhevi Chiang Mai
黛蘭塔維高級旅館

1006

San Klang

Mae Khao

Sri Yon Market市場

Umbrella Making Center
製傘觀光工廠

Siam Celadon
陶瓷工坊

1006

Charin Village

3029

121

1014

MAIIAM Contemporary
Art Museum
當代藝術博物館

熱門景點

湄林

X Center冒險中心

第一位將高空彈跳引進泰國的就是X Center的創辦人

X Center是由第一位將紐西蘭高空彈跳引進泰國的紐籍專業教練所創辦的,在泰國共有3個分處,這算是其中設備最完善的。

除了高空彈跳之外,還有熱門的叢林越野車,可跟著專業教練開四輪叢林越野車到叢林刺激探險去;也可以躺在大彩球中,從草坡上一路滑行到湖水中,享受另類的泰式按摩;又或者,整隊人馬一起穿上迷彩裝打BB彈去。幾乎是你所想得到的刺激活動,這裡都有了。而且整體環境規畫相當好,高空彈跳區還設有看台,草地上悠閒的放幾張椅子。不喜刺激活動者,可在餐廳裡用餐或到美甲按摩中心吹冷氣,好好享受一下。

Water Roller讓你坐在大彩球裡一路滾到水中,享受另類的泰式按摩

湄林

長頸村(Karen Hill Tribe Village)

長頸族原本是緬甸的少數民族,後來移居到泰國的湄宏順區。由於許多遊客對長頸族非常好奇,泰國旅遊業者便將部分的長頸族請到清邁郊區及清萊郊區,各建立一個長頸村,方便觀光客就近參觀,族人也可藉由生活補助及觀光客購買紀念品維持生計,生活倒也安穩。

01

當代美術館(MAIIAM Contemporary Art Museum)

清邁最新開幕的當代美術館,為泰國望族Bunnag-Beurdeley家族所創立的美術館,名稱取自清邁泰文字義「mai新」,而「iam」則為此家族中,貴為拉瑪五世妃子Jao Jom Iam之名。由於拉瑪五世就是將西方新文化引入泰國的國王,結合這兩個字,藉以意寓此地的新藝術。

這裡的展覽主要為家族收藏及泰國新銳藝術家的作品。2016年中即以清邁著名藝術家Apichatpong Weerasethakul的回顧展開幕,作品精采、發人省思。

當代藝術館的規模雖不大,但周邊還有幾處值得造訪之處,如:對面的Siam Celadon陶瓷工坊、寶桑製傘中心、Parkeryawshop工藝品店(P.35)等,可串連起一個早上或下午的行程。

中餐可到Meena米料理創意餐廳用餐。一座座傳統穀倉木造建築坐落在田野間,體現傳統農夫的田園生活,料理以米為主要食材,呈出味道正統、擺盤創新的米料理!

02

03   04

Add 22, Moo 7 Tonpao Amphoe San Kamphaeng **Time** 10:00～18:00,週二公休 **Price** 150B **Web** www.maiiam.com **Trans** 由Warorot市場搭前往 Sankampaeng สันกำแพง的白色雙條車,在 Siam Celadon陶瓷工坊前下車就可看到對面的美術館

Meena米料理創意餐廳
Add 13/5 Moo 2, San Klang, San Kamphaeng **Tel** (096)073-7422 **Time** 10:00～17:00,週三休息

01、02.主要為家族的當代藝術收藏及泰國新銳藝術家作品展 **03、04**.首展為清邁著名藝術家Apichatpong Weerasethakul許多發人省思的作品 **05**.不遠處即是寶桑製傘中心,黛蘭塔維(前文華)也在附近,可過去喝茶或晚餐 **06**.在此可吃到各種不同型式的米料理 **07**.周邊還有多家這樣的小工藝坊

05

06 07

推薦行程

叢林滑翔(Jungle Flight)

體驗條件：5～95歲，身高必須高於100公分，體重不得輕於35公斤或重於130公斤。

聽不懂英文可以參加嗎?沒問題。教練的用語都相當簡單，也會親身示範。

起源：於生物學家為了深入哥斯大黎加的雨林，研究棲息於森林樹冠層的動物生活，以纜繩跳躍於各個大樹上的跳躍平台。後來，有位美國旅行者體驗過澳洲山村中的簡易索道後，便回國加以改良成這種較安全的索道。而清邁擁有廣大的熱帶雨林，相當適合進行這項活動，因此有相當多家公司辦理，其中較知名的有：

長臂猿 Flight Of The Gibbon：最貴，但也最注重安全，且地理位置最優美(位於Mae Kampong山區，車程約1小時)，同時也將部分營收投入長臂猿保育中，因此滑翔時，還可看到居住在這片叢林的長臂猿家族。行程結束後還會參觀附近的瀑布。

叢林滑翔 Jungle Flight：最知名，地理位置最高，位於海拔1,200公尺的Doi Lungka山區。盡量雇用當地居民並回饋在地社區。

Flying Squirrel：較新且多元的一家，還提供了高空自行車、高空蜘蛛網，及高空滑板等項目。

Eagle track：與當地生態組織合作的公司，增加了空中滑板及12生肖橋等項目。

Web Jungle Flight www.jungle-flight.com / Flight of the Gibbon www.treetopasia.com
Info 由市區到滑翔地點約需1小時車程，全程所需時間約5～6小時，向旅行社訂購較便宜

The Giant大樹咖啡＋
Flight of the Gibbon長臂猿叢林滑翔

想去大樹咖啡，又想參加叢林滑翔？現在有了將位處於同一片山區的這兩個點排在一起的行程，真是省時、又省力的玩法！(由於清邁到大樹咖啡需要近2小時車程，有些路段陡而小，並不是很推薦自行騎車或開車。)

大樹咖啡

行程會先前往大樹咖啡，再到長臂猿的接待辦公室，可逛逛長臂猿辦公室所在的Mae Kampong小村莊，這裡意外地有許多小吃及河濱咖啡館，還有貓主題創意棉T店，是個發展得很棒的互助型生態社區。村民也提供民宿(如The Mae Kampong homestay：www.mae-kampong.com，約100B起)、當地導覽，假日吸引許多遊客來訪。

Mae Kampong生態村

長臂猿叢林滑翔更是刺激，有長800公尺的長滑索，也有兩人共滑、垂降，或奔跳式滑翔，每段都有不同的變化，相當有趣。即使是等待其他團員滑行的期間，只要抬頭看看這片叢林，都會忍不住微笑，因為真是太美了！

※教練相當注重安全，無論你是以前胸或後背抵達平台，他們都會準確地把你接住，整趟行程下來實在很辛苦，一直得當肉墊，結束時可以給點小費謝謝他們。

Web goo.gl/mnahTa

清邁 Chiang Mai

健行

一般行程安排如下：第一天爬約5小時到山區過夜，沿路欣賞國家公園風光，看到瀑布還可跳進去清涼一下。晚上則在山上的少數民族村裡過夜，那種寧靜的

感覺，真值得過來體驗看看。隔天早上則往山下走，接著開始騎大象行程，以及刺激的竹筏泛舟活動。

遊客只需要帶一天的換洗衣物即可，食物導遊都會準備。

賞櫻

你可能還不知道，清邁冬天也可賞櫻！每年12月到2月，許多清邁人會特地開3個小時的車到安康山(Doi Angkhang)欣賞壯觀的櫻花盛開景象。就近的素帖山區就有個著名的櫻花谷(Khun Chang Kian)，可順遊素帖寺、蒲屏宮及苗族村。

若計畫前往茵他儂國家公園，則可到園區範圍內的農業中心Khun Wang Royal Agricultural Research Centre或兜蘭保育中心(Paphiopedilum Orchid Conservation Center Inthanon)賞櫻。

茵他儂國家公園

Info 11～2月上山記得保暖，清晨溫度可能降到5度

茵他儂公園為泰國第一高山，擁有豐富物種，包括四百多種鳥類，也有機會偶遇野生象。公園內有好幾座瀑布，較知名的有Nam Tok Mae Klang、Nam Tok Wachiratan和Nam Tok Siriphum，其中最容易抵達的是最壯觀的Nam Tok Mae Klang瀑布。

若想看雲海景致，則可到丘湄潘(Kew Mae Pan)高山草地區；懷南當國家公園(Huai Nam Dang National Park)內的Doi Kiew Lom山，也可看到令人屏息的雲海美景。

來去騎大象！（Elephant Riding）

Add 209/2 Sridom Chai Road
Web www.elephantnaturepark.org
www.pataraelephat.farm.com

Elephant Nature Park / Patara Elephat Farm

幾乎所有到清邁的遊客都想要騎大象，但大象可別亂騎喔！因為一般觀光區都是在大象背上架椅子讓遊客坐，但大象兩腳走動會左右搖動，坐起來並不舒服，而且這樣的行程還長達30分鐘之久。

比較推薦的是Elephant Nature Park或Patara Elephat Farm。這兩個非營利組織，拯救了許多大象，以較自然的方式讓遊客親近大象。遊客也可以在象園內過夜，或者在此當一週的義工，協助照顧大象。

也可住在Elephant Nature Park當大象義工

湄沙(Maesa)大象訓練學校

超級觀光化的行程包括：30分鐘竹筏→30分鐘騎大象→大象表演→午餐。
(各旅行社均可代訂此行程)

湄沙(Maesa)是清邁地區最大的大象訓練學校，園內飼養了一百多頭的象隻，有時也會看到剛出生的可愛小象；幾乎所有大象都是幼年就開始在此接受訓練。

騎大象應該是大家最期待的，天氣好的話，遊客可騎大象涉水到叢林裡，接著看大象表演。不過最精采的部分應該是大象洗澡。

看表演時心想：訓練大象學做人的動作，人看了就高興得拍拍手。若是哪天人也被大象訓練用鼻子拿香蕉，大象應該也會高興得以象鼻擊地歡呼吧！

※其他關於大象的詳細資訊請參見P.173。

拜城 & 湄宏順
Pai & Mae Hong Son

你可以想像嗎？從清邁到這個小山城，竟然要轉七百多個彎！幾乎是每轉一個彎，隨即看到前面100～200公尺處又是一個彎，或者連續兩、三個彎，彎個沒完沒了。真是讓人想不透：是怎樣的造法，會造出這樣一段氣死人的傳奇公路！

那為什麼還要介紹這個得爬山涉水才能抵達的小山城呢？因為這裡嬉皮風盛行，城內有一股難以言喻的自由藝術氣息，小城內隨處可見風格迷人的小店。周區群山環繞，深層綠的色度與清新的空氣，以及那一棟又一棟的迷人民宿，可真的是放鬆百分百的絕佳選擇。因此，近幾年已經成為泰國境內最熱門的旅遊景點之一，許多泰國年輕人及各國背包客都喜歡到此度假，同時也是泰國電影《愛在拜城》的拍攝地點。

然而現在的拜城大批遊客湧入，若想尋找傳說中的世外桃源，那非常推薦湄宏順，這裡有隱立於稻田間的竹木橋、清幽的泰國小瑞士、邊境小仙境密窩村，一路走來，可真是驚喜連連！

拜城位於清邁西北邊的湄宏順省內,是個人口只有3千多人的小山城。
因拜河流經此鎮,因而取名為「拜城」。

從清邁到拜城及湄宏順走的是1095公路,清邁到拜城約135公里,拜城
到湄宏順約110公里。

湄宏順北部和西部與緬甸接壤,宗教建築和生活深受緬甸文化影響。邊
境多為撣族、克倫族人及國民黨遺軍後代。

143

交通

★ 航空

清邁到拜城及湄宏順機場有Kan Air的飛機，每天1～2班，僅需25分鐘即可抵達。特價票通常為799B，一般票則約2,000B(官網預訂後，可信用卡線上付款，或在泰國便利商店付款)。拜城機場到市中心約20分鐘車程。，湄宏順機場就在市區，步行約10～15分鐘即可到湖區。

Kan Air Web www.kanairlines.com

★ 巴士

搭乘當地的巴士比較不會暈車，因為當地巴士相當老舊，沒有冷氣、都是開窗的，走山路時，更是慢得像健行，要暈車也難。往拜城及湄宏順的巴士由清邁的長途巴士站Arcade Bus Station出發，大約需4～5小時的車程。

大部分遊客會選擇速度較快的小巴士，小巴士司機都是飛車手，所以暈車的機率也較高。幸好中途會停靠一次休息站，讓你下來吐完以後再喝個飲料、上廁所。便利商店即可購買暈車藥(5B2顆)

從拜城到湄宏順約2～3小時車程。小巴公司為：Avia(網址：aviaBooking.net)

→ 暈車藥的泰文

★ 摩托車

有些遊客會選擇從清邁騎摩托車到拜城，車程約4小時，路況不錯，看到美麗的山景、小村莊、瀑布還可隨時停下來。不過要記得穿禦寒衣物，騎山路會有點冷。

摩托車可向清邁民宿租用，或在AYA Service租車，可在當地還車，還提供免費運送行李服務，租車需押護照，會隨同行李送到你的目的地，還車時就可拿取護照及行李。

往湄宏順(111公里)

1095號公路

Pai River 拜河

Pai Thong
火鍋燒烤店

AYA Service旅行社

往中國村
與Mae Yen瀑布

All About Coffee

Walking Street
小夜市

Wat Klang

Pai River
Corner Resort

巴士站

I'P BURGER&GRILL

Hotel des Artis

Wat Luang

1095號公路

芝麻油條攤

Art in Chai
嬉皮咖啡館

鎮公所

Rangsiyanon Rd.

Good Life蔬食咖啡茶館
PTTM

Rural Rd.

Mae Hong Son 4024公路

1st Tedsaban Rd.

菜市場

Pai High School

郵局

警察局

警察哨站

Na's Kitchen熱門餐館

1095號公路

加油站

Chill Lom青年旅館

往拜城峽谷及清邁(135公里)

AYA Service

Web www.ayaservice.com

拜城辦公室在市中心公車站旁。除了提供摩托車租車、
行程服務外,另也提供簽證代辦服務。
清邁到拜城的小巴士每天07:30～17:30,會到民宿
或旅館接客,可直接在旅館櫃檯訂票。
拜城到清邁的巴士在清邁AYA下車,可轉搭他們所
提供的免費雙條車到市區或Arcade長途巴士站。

樂遊拜城
Suggested Itinerary

拜城市區並沒有什麼景點，較精采的點多在郊區，可自行租摩托車(150～200B／24小時)或參加當地行程參觀。一日郊區行程約500B。參觀完後，若還有時間可租車到近郊的Coffee in Love觀景，或二次世界大戰橋、Love Strawberry @ Pai草莓屋等熱門打卡地點。若想到大峽谷看日出或日落，也可參加當地專車接送行程，每人約100B。另有輪胎漂流(250B／1小時)、竹筏泛舟行程(400B)，及橡皮船泛舟行程(3,500B，www.activethailand.com/rafting)，喜歡健行者也可參加約6小時的健行行程(900B)，甚至還有搭船慢慢遊到清萊的行程(1,600B)。

行程安排建議

Day 1
從清邁搭飛機直抵湄宏順，當天可在湄宏順住一晚，或直接參加當地行程、自行租機車，行經竹木橋、魚穴、Phu Klon泥漿溫泉、小瑞士Pang Oung，一路玩到密窩村Ban Rak Thai(Mae Aw)，宿密窩村茶園度假村，或Pang Oung森林度假村、民宿。

Day 2
回湄宏順，參觀Wat Hua Wiang老柚木寺廟、菜市場、湖濱雙寺，接著到市郊巴士站搭小巴前往拜城。晚上逛拜城的小夜市。

Day 3
參加當地行程參觀周邊的叢林溫泉、竹木橋、雲來觀景、大峽谷日落。

Day 4
早上搭車或飛機回清邁。

泰愛眠
Accommodation

最推薦的區域是，出巴士站往左走，Chill Lom 青年旅館這個街區。也推薦住在河的另一邊 (Pai Baan Thai)，可看到山景及田野，到市區步行約15分鐘，騎摩托車約5分鐘。由清邁過來還未到市區，也會看到許多風格民宿，但交通不便，須自行租車。

Hotel Des Artists

由巴士站出來往左走到底就會看到這家旅館。很有藝術感，算是市中心最高級的旅館，部分房間有河景。

Add 99 Moo 3 Chaisongkhram Road, Wiang Tai
Tel (053)699-539
Web www.hotelartists.com/pai
Price 2,700B起

旅館附設的小咖啡館，供應香醇又平價的咖啡，是拜城享用早餐的好地點。隔壁還新開了一家Pai RiverCorner Resort，同樣是位於市中心夜市街底的臨河高級旅館，也很推薦傍晚到此用餐。

01.市中心較優質的老牌旅館Hotel Des Artists 02.附設的咖啡館提供香醇的咖啡 03.隔壁的另一家度假旅館Pai RiverCorner Resort

Chill Lom青年旅館

位於最推薦的住宿街，街巷裡有多家獨具特色的咖啡館，走出小巷就是Walking Street 及巴士站這條主街。往另一端走出去的主街則有幾家熱門餐廳(Na's Kitchen)及按摩店。Chill Lom的房間並不是非常大，但清潔度夠，價格也合理，公共空間的布置可讓旅人自在休憩。

Add 230 Moo 4 Viengtai Pai **Price** 220B起

01、02.地點跟設施都很不錯的平價住宿 03.附近的Palm House也可考慮，環境、價格跟地點都不錯，只是房間有螞蟻

泰正點
Sightseeing

中國村(Chinese Village)

這是雲南人聚集的村莊,原本只是一些泥造屋及小店,現還擴增了小長城城牆,有點過於觀光化了。

裂地景觀(Split Land)

地震造成的自然景觀,原本的地景還滿特別的,但現在雜草太多,已不如前。不過主人在此設置竹吊床讓遊客休息,並提供免費的茶水與水果(可自由給小費),倒是一日行程中一處好休憩點。

雜草叢生的裂地

大峽谷日落(Pai Canyon)

大自然的鬼斧神工,創造了一處讓遊客挑戰自我的景區。拜城大峽谷有著蜿蜒狹長的小徑,只要膽量夠,走到懸崖邊,就有令人屏息的美景等著你。這是拜城相當推薦的景點,尤其是日出、日落時分。

膽量大挑戰的拜城峽谷

Mor Paeng瀑布

這座瀑布共有兩層,較精采的是需要沿著小徑往上爬進的第二層,可涉水走到瀑布邊。但可惜的是,瀑布的水不是很乾淨,皮膚較敏感者,並不建議下水。

雲來觀景區
(Yuan Lai View Point)

由瀑布區往中國村的方向走,會先經過制高點的雲來觀景區。這裡的位置相當棒,雖需入場費,但主人有備茶飲,在風雲間,品一壺中國茶,欣賞周邊迷人的山景。

長815公尺的竹木橋，坐落在恬靜的稻田上

Kho-Ku-So竹木橋

這個區域最著名的竹木橋位於湄宏順，但如果時間不夠，拜城附近Ban Pambok地區的一片廣大稻田上，也有座蜿蜒竹木橋，名為Kho-Ku-So。由於和尚與村民每日都需相互往來，為了避免踩踏稻子，便在田上建造了這座竹木橋方便大家使用。橋長約815公尺，連接到盡頭的Wat Hauy Kai Kiri寺廟。

Sai Ngam叢林溫泉

一般的拜城一日行程，會先參觀白色大佛，爬上階梯拍Wat Phra That Mae Yen這間寺廟的白色大佛照及觀景，時間有限者也可考慮略過這個景點，直接前往叢林溫泉。

拜城周邊有幾座溫泉，距離大峽谷約10分鐘車程的Huai Nam Dang國家公園內有Tha Pai溫泉。而Sai Ngam溫泉則是位於樹藤盤繞林木間的野溪溫泉，水溫舒服，置身於天然叢林中泡溫泉，真是非常棒的體驗。

> **Info** 計畫前往當日，建議直接將泳衣穿在身上並帶毛巾

Thom Lot洞、懸棺洞 (Coffin Caves)

泰國考古學家目前在這個區域發現了兩百多個洞穴，而其中的Tham Nam Lang是泰國目前已發現的洞穴中規模最大的。這區還有個相當奇特的景觀，約有83個洞穴懸吊著1,200~2,200年前的古棺木，考古學家至今仍持續研究這神祕的懸棺文化。目前開放參觀的大洞穴裡，就可看到這些懸棺。

參觀此洞穴一定要雇用當地導遊，不可單獨前往。洞穴共分為3段，前兩段全年開放，第3段則得在乾季時才能入內參觀，部分路段需搭竹筏。

> **Price** 來回400B **Trans** 湄宏順與拜城途中

樹藤盤繞的野溪溫泉

泰好吃&買
Dining & Shopping

KANAD河濱餐廳

主街底的Pai RiverCorner Resort度假村，所附設的河濱餐廳，很推薦傍晚到此喝飲料或晚上來用餐，料理價位合理，整體氣氛很不錯，服務也親切。

Add 94 Moo 3, Wiangtai, Pai

Fine Rice Thai Restaurant

由五星級旅館的廚師所開設，以活潑的設計與服務，躍升為拜城主街上最熱門的餐廳。主廚Korn最注重食材恰到好處的搭配，椰子炒飯套餐最受歡迎，不過這家餐廳的價位偏高。

在小山城也可吃到五星級主廚的料理

Add 125 1095, Wiang Tai, Amphoe Pai **Time** 10:00～21:00

■ 芝麻油條攤

Add 位於Rueal Rd. Mae Hon Son 4024的7-11便利商店對面(Lilu旅館這條路)

早上可看到多家油條豆漿攤，其中最推薦這家，現做的芝麻油條，現揉、現炸，好酥香！吃油條時還可沾香蘭醬及煉乳

現炸現做的小油條

Art in Chai嬉皮咖啡館

這是市中心小巷內頗具嬉皮風的咖啡館，提供各式蔬食料理以及精采的茶飲，尤其推薦印度茶。白天可自在地賴在這裡看書、玩耍，晚上則有很棒的現場音樂(可查看店家臉書：Art-in-chai-174000465975671)。

Add Moo 4 ,Vieng tai Pai **Tel** (053)178-7742 **Time** 09:00～22:00

Good Life：Herb and Health Restaurant蔬食咖啡茶館

鎮內的健康蔬食咖啡店，除了泰北的有機咖啡之外，還有泰北、印度、中國等地的茶飲，而且店內的空間相當舒適，滿櫃的書，你愛賴在這裡多久，都沒人管。

Add Moo 3 **Tel** (053)699-451 **Time** 08:00～23:00

以天然食材料理的健康食品店裡還有各種旅遊書及各類書籍

早上可以過來吃個健康早餐

Pai Thong吃到飽火鍋店

喜歡吃烤肉者，這是最佳選擇，179B就可吃到飽，而且是傳統的泰式碳烤盤。雖然菜色不多，只有幾盤肉跟蔬菜、火鍋配料，但是雞肉醃得很有泰式風味。

炭烤火鍋，上面還放了塊肥肉讓烤肉更香脆

Add Khetkelang Rd. **Tel** (080)133-7554 **Time** 旺季07:00～22:00；淡季15:00～22:00
Trans 由All About Coffee往十字路口走，右轉直走一小段路，就可看到對面的火鍋燒烤店

走訪泰北山城

菜市場

拜城的菜市場規模雖不大，但相當整潔。最推薦傍晚過去逛，周邊會有許多熟食小攤，斜對面還有家熱門的烤吐司豆漿店。

整潔乾淨的小巧菜市場　　　　傍晚有許多熟食攤　　　　斜對面熱門的烤吐司油條豆漿店

Walking Street小夜市

市中心主街Moo 3 Chaisongkram Road(巴士站那條街)，每天晚上都有著熱鬧的夜市，集結周邊的創意商品、小吃攤，氣氛熱絡，幾乎是所有旅人晚上必訪之處。

01 主街上有些創意小店，傍晚就會開始擺起攤販，晚上為熱鬧的小夜市
02 可愛圖樣設計的收線夾，便宜又實用
03 夜市也有美味的香蕉煎餅攤及現場表演如何完整挖出椰子的攤位
04 可自己搭配鞋底及鞋帶顏色的涼鞋攤，鞋底夠厚，還算耐走

樂遊
湄宏順

Suggested Itinerary

湄宏順地處偏遠、交通不便的泰緬邊境，是一處近幾十年才開放的祕境。再加上這裡不像拜城受外來文化影響那麼大，當地人也小心翼翼地保留湄宏順原本的這一份清淨，因此這片土地至今仍彷若邊境的世外桃源，地景文化也相當豐富。筆者認為湄宏順甚至比拜城更值得拜訪，若能安排3天2夜的小旅行，相信這遠離塵囂的避世之處，不會讓大家失望。

市區邊緣的主要巴士站可搭車到拜城及其他城市

可在菜市場後面的雙條車站到周邊小村

01

02

泰愛眠
Accommodation

密窩村 李氏酒莊
(Lee Wine Ruk Thai Resort)

這是密窩村設備最完善的茶園度假村，各棟小屋就坐落在茶園間，可鳥瞰密窩村的美景。湖畔餐廳也不錯，供應各種雲南料理，最推薦肉丸椰子酸辣湯及雲南排骨。

Add 3 Moo 6 Baanrukthai, T.Mokchampae, A.Muang, Maehongson 58000

01.肉丸椰子酸辣湯 02～03.茶園裡的度假旅館 04.氣氛幽靜、餐點美味的當地餐館

湄宏順市區 Piya Guesthouse湖濱度假民宿

房間寬敞、乾淨，還有個迷人的花園泳池

位於湄宏順市中心湖濱的優質民宿，位置便利之外，服務人員接待親切，房間舒適。美麗的庭園內還設有泳池，真是便宜度假的好去處。

Add 1/ Khunlum Praphat 1
Tel (053)611-260
Price 700B

154

泰正點
Sightseeing

01.夜晚燈光照耀下的寺廟美景 02.受緬甸建築風格影響的Wat Hua Wiang柚木古寺 03.市區菜市場附近可找到幾家很棒的小吃店，傍晚也有許多熟食攤

Wat Chong Kham、Wat Chong Klang雙寺

坐落在湄宏順市中心Chong Kham湖邊的兩座寺廟，為市區的主要景點。有著白色塔身、金色尖頂寶塔的是Wat Chong Klang，隔壁就是Wat Chong Kham寺廟。Wat Chong Kham寺廟原本為木造建築，可惜被一場大火燒毀，而Wat Chong Klang寺廟裡有尊相當獨特的佛像，很值得進去參訪。

若想觀景的話，相當推薦山上的Wat Phra That Doi Kong Mu，寺裡有座受緬甸影響甚大的白色寶塔。不過這裡最棒的當然是鳥瞰湄宏順的周邊美景，步行上山較辛苦，可租摩托車和請摩托計程車上車，來回約100B。

此外，也相當推薦市區菜市場旁的Wat Hua Wiang柚木古寺，殿內有尊曼德勒風格的青銅佛像。

在此尋得田園詩之境

Su Tong Pae竹木橋

這座長約500公尺的竹木橋，連接著Kung Mai Saak村莊與對面的寺廟，除了可避免行人踩到稻子外，還方便雨季時行走及跨越Sa Nga河。漫步在竹木橋上，看著周邊靜謐的田野風光時，真可體會何謂田園詩之境！

若是佛教節慶來訪，早上06:30可看到所有信徒聚集在橋上奉食予和尚的景象，晚上整座橋還會點起盞盞燈火。

Add 位於湄宏順郊區約15公里處(往密窩村路上)

連接起村莊與寺廟的竹木橋

皇家計畫園區
(Royal Development and Service Center)

泰北邊境持續進行著各項成果豐碩的皇家計畫,湄宏順這個園區便是其中一例。農業專科人員在此培育各種農作、魚類,進而轉移農漁技術給當地居民。園內整理得相當優美,還有可愛的綿羊區、草莓園,讓人以為來到了歐洲。

經皇家計畫的輔導,這區的農作已由鴉片轉為咖啡、茶

專業人員在此將農魚技術轉移給當地居民

前往皇家計畫園區的途中,還可停靠Pha Seai這壯觀的瀑布

Ban Ruam Thai撣族村、Pang Oung小瑞士

這座優美的撣族村落,簡直是山中傳奇。小小的村莊整理得好可愛,因此吸引許多泰國遊客來訪,現在村裡許多人家也提供民宿服務。

這個區域以往主要種植鴉片,經皇家計畫輔導,現改種咖啡,村莊入口處即是一家知名的咖啡館,店家主人相當親切,很願意跟大家分享咖啡豆相關事宜。再往店裡走,為一區巨竹環繞的河濱咖啡座。村莊走到底即是Pang Oung湖,這裡的景致實在太像清淨的瑞士了!馬兒在綠茵草地上低頭吃著草、孩子跳進溪流中玩水、年輕人快樂地在湖濱木道上跑跳著……,如此愜意之境,難怪有著「泰國小瑞士」之稱。

01.瑞士般的淨土 02.迷人的撣族村現也提供許多民宿 03.村莊口的Pala咖啡館,後面開闢了一處令人驚豔的竹林咖啡座

魚穴(Fish Cave)

Price 100B

位於探帕拉森林公園(Tham Pla Forest Park)
的魚穴裡有著成群、成群的大鯉魚，洞上方立
著能保護魚群的印度聖人Nara雕像。除了魚穴
外，其實公園本身相當優美，步道還以樹葉嵌
印在地上裝飾。這裡也是當地人週末最熱門的
野餐地點。

當地人只餵素食蔬果給魚吃

Ban Rak Thai(Mae Aw密窩村)

密窩村就位於緬甸邊境，村莊邊緣就是海關口岸，每天早上
會有許多緬甸人過來採買生活所需。而這個村莊的主要居
民為國民黨遺軍，因此大部分人來自雲南、會說中文。
密窩村是個非常寧和的小村莊，屋舍環著中央小湖而建，四
周山丘為美麗的茶園，其間還坐落著兩家度假旅館。入住這

一天只有一班早上載學生
進城上學、傍晚接學生回家
的雙條車

裡，早上只要一打開窗，即可看到掛在湖上的白雲帶，根本就是仙境來著！

湖邊也設有茶座及咖啡館

Trans 距離湄宏順約45公里 **Info** 密窩村到湄宏順，
雙條車一天只有一班，07:30發車；雇用摩托計程車
前往，約300B起；包雙條車則約500B起；或到下個
村莊搭11:00發車的雙條車，車資約90B。乘客少時，
可問司機是否可停竹木橋

走訪泰北山城

清萊&金三角
Chiang Rai & Golden Triangle

清萊這個樸靜的小鎮是泰國最北的首府,西元1262年明萊王在此建城,並為西元1262~1296年間,蘭納泰王朝的第一個首都(後遷至清邁)。著名的金三角就位於清萊北方約1小時車程處,由於這區地處泰國、寮國、緬甸三國邊境,1980年代中期又是世界毒品中心,當時多以金塊交易,因此得了個「金三角」之名。不過,泰國的金三角地區在皇室的努力下,現已褪下神祕的面紗,轉以觀光、咖啡、茶為主業(毒品中心現轉到巴基斯坦、阿富汗、伊朗邊境,稱之為「金新月」)。這區最著名的城市是清聖(Chiang Saen) 古城、湄賽(Mae Sai)及清恭(Chiang Khong),也是遊客拜訪金三角的最佳落角處(也可以住清萊當天來回)。

懂得享受生活的清萊人，難怪越來越多人選擇到此退休

清萊距離清邁約180公里，距離曼谷約839公里，市區建於湄
公河的支流郭河(Mae Kok)以南。

清萊及金三角地區每年5～10月是雨季，8～9月雨量最大。
5月最熱，12月溫度最低，平均溫度是攝氏19度；但夜晚也可
能低到10度以下，白天又會攀升到20度以上。最佳的旅遊季
節是11～4月。

清萊也有多班銜接南部離島的班機，因此許多遊客會結束泰
北行程後，由此搭機直奔南部熱帶島嶼。

如何前往

↓機場內的泰北手工藝品店，也可買到Doi Tung的咖啡、夏威夷豆

★ 航空

最便捷的方式是搭飛機。目前有泰國航空、亞洲航空和Orient Thai由曼谷廊曼機場DMK起飛，飛行時間1小時20分鐘。

清萊機場(Mae Fah Luang-Chiang Rai International Airport)，距離市中心約8公里，搭計程車固定價300B，大部分旅館也提供接機服務。從市區的長途巴士站搭嘟嘟車到機場約120B，車程約20分鐘。

清萊機場內有些泰北地區的特產及手工藝品。

★ 火車

並沒有到清萊的直達車，須從南奔(Lampang)或清邁轉搭巴士到清萊。從曼谷搭火車到清邁約11小時，到南奔約9小時，南奔轉搭巴士到清萊約2小時。

最便捷清萊一日遊行程

參加清邁出發的清萊一日行程，可一次參觀郊區的白廟、黑屋、長頸族、甚至金三角。小巴會到旅館接客前往清萊，還可省去抵達清萊後自己安排交通的麻煩。

除了一日遊內的著名景點外，這裡是個很適合放下腳步，慢慢享受恬靜氣息的地方。若想留在清萊，預訂時可先詢問旅行社，可否在便於搭車前往市區的地方讓你下車，再自行搭雙條車或計程車前往市區(例如：參觀完長頸族後在附近的大學巴士站下車，搭雙條車到觀光夜市Night Bazaar，約30B)。

★ 巴士

清邁→清萊

車程約3～3.5小時，建議搭VIP冷氣巴士較為舒服，有車掌小姐服務並提供點心、水，沿路路況很好。清萊有兩個巴士站，新的巴士站在市中心外圍，搭雙條車約15分鐘，舊巴士站就在觀光夜市後面。VIP巴士兩個車站都停靠，前往金三角、清聖、清恭(2.5小時)、湄沙的巴士也從觀光夜市旁的巴士站發車。

曼谷→清萊

車程約11小時，從北部巴士站Mo Chit出發，有VIP冷氣巴士、冷氣車及普通車。

清邁到清萊的VIP車，有車掌小姐發紙巾、點心及礦泉水

當地交通

■摩托車
約150～200B，市區小，也適合租單車遊逛。

■嘟嘟車
市區嘟嘟車約20～40B，多人共乘較便宜，到15公里外的靈光寺要價300B(來回)。

■計程車
清萊計程車以時數計價，1小時300B。

■藍色雙排小巴士
是較便宜的交通工具。隨招隨停，要先詢問司機是否開往你想到的地方及車資。

清萊旅遊中心

服務人員相當熱心，可索取地圖及當地旅遊資訊。
Add 448/16 Singhaklai Road
Tel (053)717-433
Time 08:30～16:30

樸靜如清萊

市區的刺青小店

樂遊清萊

Suggested Itinerary

清萊雖貴為泰北邊境首府，但仍是個悠閒的小鎮。近年城市發展得相當好，除了白廟、黑屋這類的知名景點外，還有多座優美的公園、茶園，假日可看到許多單車客環遊清萊。河濱區更開設了許多優雅的茶館、餐廳，宛如英國的迷人小鎮！

也或許是這樣的悠慢生活所影響吧，騎腳踏車跟摩托車會車時，當地人常會互相微笑點頭示意，如此友善的人民，怎能不愛！不住在清萊1～2晚，好好享受這個優美又友善的小鎮，可真是太可惜了！

行程安排建議

Day 1

參觀白廟、黑屋藝術館，有興趣的話也可參觀長頸族村，傍晚先到當地黃昏市場感受小鎮活力，晚上到觀光夜市吃飯及逛街。

Day 2

早上到近郊的Rai Mae Fah Luang公園及聖獅公園Singha Park拍攝美麗的茶園，中午可在園內用餐，或回到市區河濱區用餐，之後參觀市區廟宇，或到Central Plaza購物中心和Big C大超市走逛，再到河濱茶館喝下午茶看日落。

泰愛睏
Accommodation

清萊住宿多集中在界遙寺(Wat Jet Yot)、Phahonyothin路及Mae Nam Kok河濱。

清萊艾美酒店
(Le Meridien Chiang Rai)

清萊艾美位於機場與市中心之間,到兩地各約10分鐘車程。旅館每天安排多班免費接駁車到市中心。

艾美酒店可算得上清萊地區較高級的設計旅館,而且最大的優點是空間相當寬敞,床也很舒服,房間均設有大陽臺。館內除了健身房及SPA外,也有專為小朋友設計的企鵝俱樂部(Penguin Club)。別忘了帶泳衣,因為館內有三層式游泳池,傍晚時尤其美麗。

艾美餐廳的泰北綜合前菜

Add 221/2 Moo 20 Kwaewai Road, Tambon Robwieng, Amphur Muang **Tel** (053)603-333 **Web** www.lemeridienchiangrai.com **Price** 4,000B

Baanmalai Guesthouse 平價民宿

市中心的老牌民宿,房間非常寬敞、乾淨,服務也很親切,非常推薦的一家平價民宿。

Add 32/2 Soi sanphanad T.Wiang Amphoe Mueang Chiang Rai **Tel** (084)500-6669 **Price** 雙人房約700B

Holm Hostel藝術家民宿

同樣位於市中心的民宿,為移居清萊的工藝家所打造,房間布置也多是出自主人之手。老屋的氛圍與布置相當清萊風,最特別的是,還可以到樓下的布工坊,跟主人一起做個布包帶回家。不過藝術家開的民宿,清潔度可能就別太要求了(大體上都還算乾淨)。

Add Trairat Rd, Tambon Wiang, Amphoe Mueang Chiang Rai **Tel** (090)054-6512 **Price** 雙人房約700B

泰正點
Sightseeing

靈光寺(Wat Rong Khun)

靈光寺,又稱為坤龍寺或白龍寺,最普遍易懂的英文名稱是「White Temple」(白色廟宇)。距離市中心約13公里,車程約20分鐘,位於清邁與清萊的公路上。

這座特別的佛寺是由泰國知名藝術家Charlermchai Kositpipat於西元1997年開始設計並建造,目前仍陸續擴建中。

靈光寺完全以白色為主調,整座建築根本就是將「精雕細琢」這個詞發揮到極致。聳立於泰北蔚藍天空下的靈光寺,牆面鑲著銀鏡,反射出燦爛的光芒。山形窗則以象徵幽冥世界之神的多頭蛇納迦(Nagas)、大象裝飾。

入口處張開雙臂的雕像,象徵著人類的欲望。寺廟的起點為地獄場景,因此一踏上入寺之路,可別走回頭路,以免又墜入地獄深淵。廟內的壁畫還未完成,壁畫中融合了許多現代場景,主要是想表現出生死輪迴的佛教教義。而白色廟宇旁有座金碧輝煌的建築,竟是免費的廁所。

01.精雕細琢的白色靈光寺 **02.**幽冥世界之神納迦 **03.**金碧輝煌的廁所 **04.**所有細節都極其細緻 **05.**碎鏡鑲嵌的靈光寺,在陽光的照射下似乎閃耀著靈光 **06.**入口處有地獄般的場景,信徒會供奉零錢 **07.**靈光寺入口,需在此脫鞋才能入寺參觀

Price 門票50B **Trans** 由市區搭計程車或嘟嘟車來回為300B,最便宜的方式是到觀光夜市旁的巴士站搭當地巴士

黑屋藝術館Baan Dam Art Space

如果說白廟是藝術家Chalermchai Kositpipat畢其一生打造的白色天堂，那麼黑屋藝術館則是Thawan Duchanee 藝術家窮其一生，利用他的收藏所創作的黑色地獄(兩人為師徒關係)。

黑屋藝術館同時也是藝術家生前在清萊創作時的居住地，散布著15棟奇異建築，裡面放置著各種動物骨頭、毛皮、牛角創作的藝術品。例如高聳木造建築的主殿中，長桌上擺著一條大蟒蛇的蛇皮與鱷魚皮，藉以象徵世間萬物終會消逝、腐壞，徒留一身軀殼。此外還有各種天馬行空的創作，大部分作品想呈現人類自身的欲望所造成的種種人生試煉。

01.藝術家生前的家園坐落著15棟奇異建築，大部分均不開放進入，但可從窗戶看到裡面的藝術擺設 02.以各種動物骨頭所創作的地獄饗宴

> **Add** 414 Moo 13 Nanglae, Muang, Chiang Rai **Time** 09:00～12:00、13:00～17:00 **Price** 80B **Trans** 可從觀光夜市旁的巴士站搭車乘前往Mae Sai的巴士，跟司機説要在Baan Dam下車，車程約25分鐘(過清萊大學後約再5分鐘車程)，下車後往小徑走一小段路即可抵達

聖獅公園＋Rai Mae Fah Luang公園

想看美麗的茶園，不需要大老遠跑到附近的山區，距離市中心不遠處就有座聖獅公園，可在山丘上看到超美的茶園、花田景觀。

入園後可以選擇搭遊園車或租單車遊賞農場，此外還可在餐廳用餐、喝茶，或者在高樓披薩屋賞景，甚至溜滑索從空中鳥瞰農場。附近還有個優美的Rai Mae Fah Luang皇太后公園，也很值得參觀。

> **Add** 09:30～17:00 **Price** 50B **Web** singhapark.com **Trans** 雙條車往返茶園為300B，可試著殺價；計程車為1小時300B。也可自行租摩托車過來，並不是太遠，路況很好

帕郜寺(玉佛寺，Wat Phra Kaew)

市區有很多寺廟，我個人覺得位於帕邢寺後方的帕郜寺最值得參觀。帕郜寺又稱為玉佛寺，據說這裡的

玉佛是1436年，雷電打到廟裡的八角塔，才讓玉佛見世，後來輾轉移放到曼谷皇宮旁的玉佛寺中。

寺內有綠意盎然的庭園，園內佛殿供奉著青銅佛像，是西元1990年，一位中國藝術家，仿原本的玉佛像，以加拿大玉石雕成，被稱為「清萊玉佛」，據說還故意比原玉佛矮0.1公分。此外，牆面壁畫也很精采，寺內還有一座佛教藝術博物館，收藏許多珍貴的佛教藝術品，也很值得參觀。

帕邢寺(Wat Phra Singh)

位於帕郜寺前的帕邢寺(醫院旁)，是建於14世紀末期的老廟寺，原供奉Phra Buddha Singha佛像，只是原佛像已移到清邁的帕邢寺，現在這裡的佛像是複製品。

Add Singhakai Road **Info** 寺內沒有太多可參觀的文物，可到附近的旅遊中心或帕郜寺時順便參觀即可

明萊王紀念碑
(King Mengrai The Great Monument)

明萊王紀念碑設立於前往湄沾、清盛和湄塞的Phaholyothin這條五岔口路上，主要是紀念明萊王西元1262年建都的偉大事蹟。適合晚上過來參觀，在燈光的點綴下，才比較有參觀的價值。

泰好吃&買
Dining & Shopping

Melt In Your Mouth
河濱餐廳

老闆單純想在河濱這優美的地方,為清萊人打造一座優雅用餐的好去處,讓賓客彷彿在英國庭園內,享用豐富的料理。除了午、晚餐及可愛的蛋糕午茶外,傍晚還可到此欣賞河濱日落。

Add Mueang Chiang Rai, Tambon Wiang, Amphoe Mueang Chiang Rai **Time** 08:00～20:30

Chivit Thamma Da Coffee House 英式小茶館

一抵達這家咖啡館,還以為自己到了英國科茲窩小鎮的迷人茶館呢!綠藤盤繞的小白屋,隱立於安靜的河濱區,提供美味的甜點,已是清萊最熱門的咖啡館。現還擴增按摩、禮品雜貨店,讓客人徹底放鬆身心。

Add 179 Moo 2, Bannrongseatean Soi 3, Tambon Rimkok, Rim Kok **Tel** (081)984-2925 **Time** 08:00～21:00

Manorom Coffee
河濱茶館

這是另一處浪漫的用餐區,供應各式泰及西式餐點。假日時,常看到清萊人全家大小坐在河濱庭園,享受週末的悠閒午餐。

Add Sanpanard Soi 2/2, Wiang, Amphoe Mueang Chiang Rai **Tel** (092)373-7666

想喝咖啡的貓

CAT 'n' A CUP Cat Cafe 貓咖啡

位於觀光夜市旁，經過的人總忍不住駐足觀看店裡的可愛貓群。咖啡館主人打造了一處可以讓貓自由活動、客人與貓嬉遊的空間，讓咖啡時間趣味十足。

Add 430, Prasopsook Rd
Tel (088)251-3706
Time 08:00～21:00

牛肉丸麵店 (ก๋วยเตี๋ยวเจเฮียง)

這應該是清萊市區最美味的牛肉丸麵店，牛肉丸一咬下去，馬上彈回一抹清香！若點湯麵，也推薦加點店家準備的炒辣椒醬，吃來更加分。

Add Prasopsook Rd. **Tel** (053)713-176
Trans 市區巴士站外的主道路上

當地熱門湯麵老店

Central Plaza及 Big C大型超市

白天太熱不想在外面逛的話，可以到距離市中心約4公里處的Central Plaza購物中心逛逛，內設有中價位的Robinson百貨及美食街、Tops優質超市、皇家計畫商品店。斜對面則有Big C大型超市。

清邁的大型購物中心Central Plaza

Night Bazaar觀光夜市

位於市中心的觀光夜市，共有兩個美食區，美食區之間則是一些小商店，可買到各種具泰國文化特色的紀念品及創意商品。美食區還設有舞台，不但可享用各種道地的泰國美食，還可欣賞婀娜多姿的泰北傳統舞蹈及現場樂團表演。第一區由一家餐廳經營，比較多觀光客，餐點約50～100B；另一區則是小攤式，當地人比較喜歡在這區悠閒用餐。

此外，週末在市中心菜市場附近還有個週末市集(Saturday Night Walking Street)，可找到各種手作創意商品。

01.觀光夜市入口 **02.**海鮮酸辣湯 **03.**在觀光夜市的餐廳用餐還可欣賞傳統舞蹈

清萊郊區還有……

清萊郊區還有一些值得參觀的景點，像是位於山區的泰皇太后行宮(Doi Tung Royal Villa)，是位於山坡上的大花圃，以齊放的百花來紀念皇太后照顧泰北人民的恩典。

而位於清萊西北約60公里處的美斯樂(Mae Sa Long)，是國民黨93遺軍所建立的社區。山谷中種植各種茶、咖啡、水果等，並將這裡開發成觀光遊樂區。整個山區種了4萬多株櫻花，每年12月底～2月初，粉白色的櫻花開滿山野，因此有了「小瑞士」之稱。

若喜歡攀岩者，還可到位於清萊西北方約2公里處的Boomerang Adventure Park，有適合各層級的攀岩路線。(Rock Climbing Park)

Trans 可搭乘清萊到湄賽的班車(約1小時車程)，到巴山村(Ban Basang)下車，然後轉搭嘟嘟車(約1小時)到美斯樂村

樂遊
金三角
Suggested Itinerary

建議從曼谷或清邁搭飛機或巴士到清萊,直接入住金三角四季或Anatara,或由清萊搭巴士到清聖,之後再回清萊。但若是傍晚以後才到的話,則建議先玩清萊,之後再到清聖金三角,否則選住頂級旅館,就太不划算了。若想跨國旅遊的話,還可從這裡搭車及搭船到寮國或緬甸,或者往北到中國雲南。

裝在竹杯中的迎賓飲料

金三角四季

金三角地區層山疊巒,過去交通相當不便,給了當地的軍閥、毒梟絕佳的環境,成為鴉片及海洛因等毒品的大本營,因此這區以往種植罌粟花為主。已逝泰皇的母后成立Doi Tung基金會,協助農民轉作,泰國政府也積極打壓毒品交易,並大力推廣觀光,讓以往神祕的金三角變身為著名觀光地區。
而四季金三角及Anatara旅館集團,在叢林裡打造夢幻的旅館,讓遊客有機會入住叢林頂級帳篷,在蟲鳴鳥叫及大象的行旅間,體會真正的金三角風情。

Add P.O. Box 18, Chiang Saen Post Office, Chiang Rai 57150
Tel (053)910-200
Web www.fourseasons.com/goldentriangle
Info 至少住2晚

01

02

全球最棒的旅館

乘著接送賓客的行船緩緩靠近旅館,15座隱立於叢林中的白色帳篷映入眼簾,真是讓人耐不住性子,到底這家被票選為全球最棒的旅館,會以什麼樣的驚喜來迎接賓客!
四季金三角的各個帳篷以不同的動植物為布置主題,帳與帳之間都有一段距離,讓客人享有專屬的空間。對於第一次來訪的客人,四季總喜歡帶著他們從容地進行入館儀式、讓住客自然融入當地文化,再從大廳沿路走過竹林、小徑、吊橋,來到自己的帳篷,順便介紹這裡的設施與服務。

融入大自然的頂級享受

帳篷的總面積是54平方公尺,空間不能說特別大,但是帳外有個37平方公尺的戶外甲板區,除了舒服的大沙發床外,還有2個按摩床,方便客人在自己的帳篷做露天按摩。最棒的是,夜晚或清晨還可拿起望遠鏡觀尋各種鳥獸,漫步於草原的大象,以及遠方的緬甸與寮國山景。

房間的布置處處是驚喜:
出水口設計成可愛的大象鼻子,洗手台的水龍頭則是象牙造型;半露天沖澡區裝掛著銅色大花灑。另一側安置著一張讓人看了就知道可以一覺到天明的舒適大床。
第二天早上約8點鐘時,象夫會帶著兩隻大象過來吃早餐,客人可以餵香蕉並跟調皮的大象玩,跟大象一起享用早餐。接著是最令人難忘的一日象夫課程了(Elephant Mahout Training Programme)。

03

04

01.仔細以皮革包覆的洗手台及象牙開關 **02**.特殊的開放式SPA房 **03**.一進門就是抓住人心的古銅色大浴缸 **04**.傍晚可在Burma Bar欣賞落日,享用象夫雞尾酒及小餐點

一日象夫課程

大象的皮很厚、毛很粗，所以騎大象時一定要穿厚一點的褲子，否則可能會磨傷大腿喔！

讓人更深入大象的內心世界：

↑騎大象在叢林裡走時，要將雙腿放在象耳朵後面，避免林葉刮傷

↑專業象夫會仔細介紹大象習性，讓人不禁打從心裡愛起大象來了

↑請大象彎下身來讓新手象夫坐上象頭，開始跟你的象朋友第一次親密接觸

↑標準坐騎方式

↑貼心的象夫指令表，告訴你如何請大象前進、停止、轉彎

↑專業象夫當然要知道各種上下大象的方式囉！

↑在叢林草原間，讓大象帶你探險去

↑騎在象背上跟大象一起洗清涼澡囉

↑歸途從草原望向帳篷區，心裡升起一股特別的情愫，也開始捨不得離開象朋友啦

讓我們來談談可愛的大象……

泰國的代名詞：講到泰國，大家一定會想到大象，這簡直就成了泰國的代名詞，而且難得一見的白象還是王的象徵，人民只要發現白象都會將之獻給國王。

驚人的食量：大象的食量非常驚人，一天要吃180公斤的食物，喝80公升的水。

神奇的象腳：大象的腳大而柔軟，可以承載自己千斤的體重，又能穩穩地在叢林泥濘中行走。雖然大象的行走速度每小時可達23公里，但是牠每平方公分的地面載量竟然比鹿還小。泰國自古就用大象耕田、在叢林裡行走及搬運重物，也曾是泰國軍隊的生力軍。

大家一起保護象兒：現在泰國大象的數量越來越少。有些象夫會牽著大象在大城市街頭，要遊客購買香蕉餵食大象。金三角四季及Anatara這兩家旅館因此成立了大象基金會，將這些可憐的大象救回基金會。而且為了杜絕象夫進行同樣的勾當，他們請象夫全家遷居到基金會。

大象的退休年齡：你知道嗎？大象懷胎需要22個月，而且泰國大象有退休年齡規定喔！規定工作年數50年，61歲以後一定要退休回歸大自然。

四季有4隻大象，各有各的性情，其中有隻愛跳舞的大象，站著時總是前前後後地踏起步來。

走訪泰北山城

素可泰
Sukhothai

素可泰是位於曼谷與清邁之間的歷史古城，也是泰國最熱門的文化古城。素可泰意為「幸福的黎明」，西元1257～1436年間，為泰國史上的「素可泰王朝」，同時也是泰國文化史的黃金時期。泰國文字、藝術文化、法規，都是在這個時期創造出來的。也因此，聯合國教育科學文化組織(UNESCO)，於1991年底將素可泰歷史公園列入世界遺產。

Sukhothai City 新城區

舊城區 Sukhothai Historical Park

素可泰分為新城區及古城的遺跡區，新舊城距離約12公里。主要景點為古城的素可泰遺跡公園，新城區並沒有什麼太重要的景點。若只停留一晚，建議可住在新城區，隔天搭車或自行租車到古遺跡區參觀即可。古遺跡參觀時間約需半天，都是露天景點，建議早一點出門比較不熱；最後再到遺跡公園外的博物館參觀。

如何前往

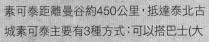
曼谷→素可泰交通

素可泰距離曼谷約450公里，抵達泰北古城素可泰主要有3種方式：可以搭巴士(大部分背包客會從曼谷到大城停留一晚，接著再從大城搭6～7小時的巴士到素可泰)，或者搭火車到鄰近城市彭世洛(Phitsanulok)，再轉搭約1小時的巴士到素可泰。

不過，我覺得最驚豔的抵達方式是搭曼谷航空到素可泰機場。因為這座機場有別於一般制式機場，竟然有如度假村。快抵達素可泰時，眼下是一片心型的湖泊迎接旅客，當飛機降落後，跑道沿路是五彩繽紛的花朵。而來接機的機場巴士是繽紛的接駁車，穿著悠閒制服的機場警察站在傳統泰北建築的機場大廳迎接旅客。這根本就是度假村，讓旅客都忘了要領行李，直拿著相機拍照！

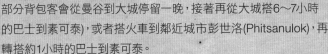
☆ 航空

從曼谷到素可泰的飛行時間約1小時20分鐘，機場位於市區北部27公里處，到市區有小巴士接駁，車程約30～40分鐘，到新城區的車價約180B，到古城區約300B，視距離而定。可告知旅館名稱或者在新城區的農民銀行前下車(綠色招牌)，銀行後面沿著河岸有幾家民宿。若搭平價航空可到彭世洛(P.181)，再轉搭巴士到素可泰。

機場小巴會在這綠色招牌的銀行前停靠，穿過銀行側面的小徑，就可看到幾家民宿

蘭坎亨國王

素可泰王朝最著名的君主，19歲時就以英勇的表現，獲父王冊封為「勇敢的拉瑪」。蘭坎亨王參考高棉文、梵文、及巴里文，創造出泰國文字，也是第一位為泰國留下詳盡碑銘記載的國王。

☆ 巴士

曼谷到素可泰的巴士由Kamphaeng Phet Road的北巴士站(Northern Bus Terminal)發車,頭等冷氣車一天兩班,車程約7~8小時。

素可泰→彭世洛:
每半小時1班車,車程約1小時。
素可泰→清邁:
車班很多,由於車程較久(約6~7小時),建議搭冷氣車。
素可泰→清萊:
每天5班車,車程約9小時。

素可泰長途巴士站

☆ 火車

曼谷到彭世洛車程約6.5~7小時,火車時刻表:www.railway.co.th/checktime/checktime.asp。

當地交通

自己租摩托車(250B/1天)是最方便的方式,也可租自行車。從新城區到遺跡公園區約12公里,可搭雙排大巴士(Songthaew,單程票20B),抵達後在公園外面租腳踏車(30B)或摩托車(200B)遊遺跡區,或者包嘟嘟車(700B)遊遺跡公園各景點。

遺跡公園區外有幾家租車店

雙排大巴士的搭乘處

過橋看到綠色招牌的Kasikorn Bank銀行再往前直走就會看到7-11,繼續往前走約2分鐘會看到雙排大巴士,跟司機說到Historical Park,巴士會在公園入口處停車。最後一班是17:00,若沒搭上就要搭較貴的嘟嘟車(150B)。

雙排大巴士

嘟嘟車算是當地的計程車。因為是專車,所以費用較貴,多人一起分攤較便宜,否則可自行租摩托車或腳踏車

泰愛睏
Accommodation

素可泰住宿多在新城區，古城區也有幾家平價旅館；高級旅館多位於新舊城之間。水燈節3～5天期間所有住宿都會漲價，且要提早訂房。

TR Guesthouse

地點很好，附近有便利商店及小吃攤。房間非常乾淨，主人也很親切。除了前屋的冷氣房之外，後面還有庭園小木屋。衛浴設備雖然簡單，同樣非常乾淨，小木屋還有個舒服的平台，可躺在長椅上享受素可泰的閒靜。不含早餐，但有餐飲服務，價位很合理。

Add 27/5 Pravetnakorn Road, Amphur Maung **Tel** (055)611-663
Price 前屋風扇房300B，冷氣房450B；小木屋風扇房450B，冷氣房600B
Web www.sukhothaibudgetguesthouse.com

最佳住宿點：古城區！

住在古城區是最方便參觀景點的，尤其是白天很熱，若能早上提早出門或傍晚、甚至部分晚上開放時參觀最佳。

古城區較受歡迎的住宿：

服務親切的Space Ben Guest House @Muangkao平價住宿、Vieng Tawan Sukhothai Guesthouse優雅民宿、Scent of Sukhothai Resort度假旅館(距離遺跡公園約1.1公里，可騎單車前往)。

11月的水燈節(泰曆12月15日月圓時)，將素可泰變身為全泰國最浪漫的城市之一。遺跡區在水燈節期間會舉辦一連串的慶典活動，晚上的遺跡區還有精采奪目的燈光秀及傳統表演，為水燈節最值得拜訪的城市。4月的素可泰可看到傳統佛教出家儀式：年輕和尚會騎著大象一路到Hat Siao寺盛大舉行出家儀式。

泰正點
Sightseeing

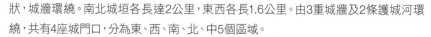

素可泰歷史遺跡公園
(Sukhothai Historical Park)

素可泰歷史保護區面積廣大，整座古城呈方塊狀，城牆環繞。南北城垣各長達2公里，東西各長1.6公里。由3重城牆及2條護城河環繞，共有4座城門口，分為東、西、南、北、中5個區域。

由於當時小乘佛教盛行，古城內有許多佛塔、佛像與寺廟，寺廟風格也深受斯里蘭卡影響。古城內多為6、7百年前遺留下來的古宮殿及寺廟遺跡；共有21處遺跡及4城池，方圓5公里內還有70處遺址。

從園區入口處最先看到的是聖達帕登神殿(San Ta Pha Daen Shrine)遺跡，這是12世紀吳哥王朝時所建的，也是素可泰現存最古老的建築。一進遺跡公園，往右手邊走，首先會看到蘭坎亨國王雕像(King Ramkhamhaeng Monument)。左前方的大方圍寺廟則為瑪哈塔寺(Wat Mahathat)。

園內二十多座寺廟中，最醒目的就是瑪哈塔寺，建於王宮西面，為護國寺，也是蘭坎亨王出家修行的寺廟。由高206公尺、寬200公尺的磚牆及護城河圍繞。據傳當初建造時，將護城河喻為銀河，圍牆則代表宇宙周邊。

再往前直走會看到池中的沙西寺(Wat Sa Si)，又稱為「神聖的池中寺廟」，簡樸的寺廟建築立於池中，內供奉一座錫蘭式佛塔。而位於瑪哈塔寺南面的是西里沙瓦寺(Wat Sri Sawai)。建於12~13世紀，寺廟正殿後面共有3座高棉式佛塔，由一條護城河圍繞著。中間的佛塔高20公尺，左右兩邊的佛塔則各為12公尺高。

蘭坎亨國王雕像

Add Tambon Muang Kao, Amphoe Muang **Tel** (055)697-241 **Price** 分為北、西、中門，門票各100B；博物館150B **Info** 泰國觀光局常會舉辦免費的迷你燈光秀，可詢問當地旅遊資訊中心

建議路線
面向公園入口，往右手邊直行再左轉直騎，先參觀北邊的席中寺(Wat Si Chum)，再到城牆西北邊4公里處的沙攀欣寺(Wat Saphan Hin)。看完之後再往前直行回入口處，入園區參觀。最後回博物館，然後到小市場。

席中寺(Wat Si Chum)

席中寺以大佛石雕聞名,是全泰國最大的坐佛佛像之一。整座白灰色的寺廟建築高達50呎,穩立著一尊高15公尺的灰泥坐佛。佛像兩膝之間的距離就達11.3公尺。樓梯間的天頂石版畫及素可泰時期的石刻,繪出本生經故事場景,完整呈現佛陀的故事。

沙攀欣寺(Wat Saphan Hin)

沙攀欣寺以山上立佛著稱。禮佛得爬上200公尺的山丘,沿途鋪著色彩繽紛的石板路及石階,所以有個「石橋僧院」的美稱。院內的圓柱環繞著高12.5公尺的立佛。

園內熱心又開朗的警察

大立佛,由此可鳥瞰園區景色

下山丘後再往前直騎還可看到其他佛塔

蘭坎亨國家博物館
(Ramkhamhaeng National Museum)

博物館就位在公園區的入口旁，是了解素可泰歷史的最佳地點。珍藏許多素可泰時期的文物及雕刻，包括最知名的宋伽洛陶瓷器、精緻的青銅立佛及高棉雕像。其中還包括蘭坎亨國王於西元1292年所立的碑文：「美麗的素可泰：水中有魚、田中有米，皇帝不向人民課稅……人民可自由交易大象、買賣馬匹、交換金銀，人民的臉上閃耀著光采。」

01.蘭坎亨國家博物館 02.遺跡園區入口附近及對街有些小攤販提供簡單餐點

Tel (055)697-367 **Time** 09:00～16:00 **Price** 30B，素可泰遺跡聯票150B

彭世洛
Phitsanulok

距離素可泰車程約1小時，可說是素可泰的姊妹市及轉運站。楠河(Nan River)流貫其間，沿河有些河濱餐廳。火車站與楠河之間算是市中心最熱鬧的區域。最重要的景點為瑪哈塔寺(Wat Mahathat)，建於大城時期，內有一座鍍金的高棉式圓頂佛塔。

西薩差那萊歷史公園
Sri Satchanalai

位於素可泰歷史公園北方約50公里處，占地約45平方公里，現也列為聯合國教科文組織世界文化遺產。內有1座七百多年的古老寺廟——環象寺(Wat Chang Lom)，寺內最醒目的是錫蘭佛塔，周圍有39座象雕，不過歷經七百多年，石象多已毀壞。

泰國實用資訊

護照

■ 還未辦理護照者，須到外交部領事館辦理護照。

■ 至少須4個工作天，請務必提前辦理，辦好護照後，還要辦理泰國簽證才能入境。

■ 辦理護照相關事宜請參見 Web www.boca.gov.tw

簽證

■ 一般觀光簽證與落地簽證的差別

一般觀光簽證可在出發之前先在國內辦好，好處是停留時間較長，有效期為2個月；反之，落地簽證只能停留15天，不過這對短期旅遊者已經足夠了，也方便從他國飛過來短暫旅遊泰國者，可直接在泰國機場或邊境關口辦理落地簽，但落地簽費用較高。

【觀光簽證】

泰國觀光簽證可在駐台灣泰國經濟貿易辦事處辦理，上午收件，當天下午即可領件。繳完文件、費用後，拿著收據下午16:00過去領件，領件速度非常快。

駐台灣泰國經濟貿易辦事處
Add 台北市松江路168號12樓
Tel (02)2581-1979
Time 送件09:00～11:45
　　　 領件16:00～17:00
Web www.tteo.org.tw

■ 準備文件

辦理簽證前，要先準備好白底照片、印好身分證影本。可先上網下載申請表。住址要填寫英文地址，也要填寫在泰國的居留地址(第一天的旅館名稱及住址)。辦理櫃檯也提供申請表，有剪刀及釘書機剪釘身分證影本及照片。

· 護照正本(至少6個月有效期)
· 身分證影本正反面1份
· 2吋彩色白底照片1張，須為6個月內拍攝的照片
· 費用1,200元

注意：2010年10月1日起，無論是一般簽證或落地簽證，都開始嚴格執行白底6個月近照的規定

簽證有效時間：若在台灣辦好簽證，有效時間通常是2個月，但是實際可停留的時間，要看入關時海關在護照上蓋章的日期為準。

有效期限到之前，可在泰國再延一個月。之後再辦簽證也會較困難，務必遵守規定，逾期1天罰500B。

■ 委託辦理簽證

如果你要幫朋友辦泰國簽證，辦的人自己也是申請人之一，就不需要寫委託書，只要附上委託人和代辦人的申請書、身分證影本和護照即可。

如果代辦人不是申辦人之一，需要寫委託書。委託人要蓋章簽名、附上身分證正本。

下載簽證、委託書、照片規格須知請參見：

Web www.tteo.org.tw/chinese/application-form-visa

【落地簽證】

曼谷、普吉島、清邁、合艾、吞武里機場，以及馬來西亞、寮國、緬甸邊境5個關口都可辦理泰國落地簽證。

抵達機場後，沿「Visa On Arrival(落地簽證)」指標(有中文)到辦理櫃檯。

■ 準備文件

· 護照正本，有效時間(含在泰國停留15天內)最少須6個月以上。
· 15天內的回程機票
· 明確住宿地址。
· 6個月內白底2吋照片1張(櫃檯旁也有拍攝站)
· 簽證費用2,000B
· 每人至少需攜帶1萬泰銖旅遊費，每個家庭至少2萬泰銖(備而不查)
· 填寫完整的簽證表格及出境表(現也可先線上申請落地簽，到曼谷蘇萬納普機場，再

到櫃檯取得落地簽證。

Web www.immigration.go.th

↑落地簽證處有入出境表格及落地
簽證表格的中文示範表，出境表要
收好，出境時海關要收回（P.186）

【過境簽證】
■跨國旅遊，簽證怎麼辦？

觀光簽證只限一次進出，而且一
次只能發一張簽證。所以，如果
你先到泰國，接著要到寮國、柬
埔寨、越南或其他國家，然後再回
泰國的話，就需要準備好全程機
票，辦理850元的過境簽證。否則
的話，先辦一次進出的觀光簽
證，然後第二次入境時，在機場
辦理泰國落地簽證入境(有效時
間15天)。

■過境簽證準備文件

辦理過境簽證，準備文件包括：
・護照正本(至少6個月有效期)
・身分證影印本正及反面1份
・2吋彩色白底的照片1張(6個月
　內拍攝)

・全程已確認7天內機位至第三國
　家之機票(正本及影印本1份)
・費用一次850元

■鄰國簽證

可在泰國境內的該國領事館辦
理，也可請當地旅行社代辦。
・寮國、柬埔寨、越南：觀光簽
　證或落地簽證
・緬甸：辦理短期入境許可
・馬來西亞、新加坡：馬來西亞
　15天、新加坡30天免簽證

換匯

泰北並不是所有匯兌處都收新台
幣，建議除了出國前先換些泰銖
外，記得再換點美金帶出國。

推薦換匯處：

Super Rich，清邁共有兩處，一處
在古城區，另一處在觀光夜市區，
詳細地址請查網站。

Web superrichchiangmai.com

清邁SuperRich地圖QR Code

Super Rich匯兌處

機票
■一般航空

台灣飛清邁須搭飛機到曼谷轉
機，最簡單的是搭泰國航空轉
機，行李可直掛清邁。抵達曼谷
BKK蘇萬納普機場後：(1)依循
「轉機」標示(都有中文)步行至
國內航廈→(2)查詢候機門號碼，
至候機門候機→(3)搭乘飛機抵
達清邁→(4)出示護照、簽證(或
先辦落地簽)→(5)出關、提領行
李→(6)前往旅館。

■廉價航空

若想搭廉價航空，則需訂購兩段
票。先訂虎航或酷鳥航飛往曼谷
的機票，再到泰國的廉價航空，
如Nok Air、亞航、Orient Thai、
Lion等航空公司訂另一段曼谷到
清邁的票。例如：先訂酷鳥航早
上出發飛往曼谷的機票(中午抵
達)，再到泰國Nok Air皇雀航空
的網站訂下午飛往清邁的票。這
種兩段行程搭不同航空的情況，
若有寄掛行李，抵達曼谷DMK
廊曼機場後：
(1)出示護照及簽證(或辦落地簽
證)出關→(2)提領行李→(3)由抵
達大廳面向門口往左手邊的國
內航廈走→(4)到第二段的航空
公司櫃檯辦理登機及託運行李
→(5)持護照及登機證入關等候
班機。

泰國實用資訊

飛到曼谷出關後，提領行李，接著往「國內航廈」走

到曼谷飛往清邁的航空公司櫃檯辦理登機手續，接著入關候機。還有時間的話，可到2樓美食區用餐

搭廉價航空請注意！

- ·機上不提供毯子，記得攜帶大圍巾或外套。
- ·不可攜帶任何餐飲上機，訂票時預購餐飲會較便宜。
- ·每次訂票會收一筆手續費，訂多張機票者可一起訂。
- ·若想選購直飛班機，記得選擇DMK曼谷廊曼機場，否則有些班機是到新加坡轉機。

廉價航空的座位也很舒適，若有長者同行，可加購較寬敞的座位

■入境程序

依「Immigration」及「Baggage Claim」提領行李標示走。辦落地簽者則先到落地簽櫃檯辦理。

↓

持護照及入境表格到「Passport Control」的「Foreign Passport」櫃檯(在機上先填寫好)

↓

到「Baggage Claim(行李提領處)」，會先看到行李看板，找自己的班機號碼及行李帶號碼。

↓

提領行李，清邁機場內領取行李處，可免費索取、辦理True的電話卡

↓

通關。不需申報者走綠色通道，否則走紅色通道。注意：免稅標準準為菸酒限香菸200支、酒1公升

↓

出海關依標示到捷運、計程車、巴士搭乘處 (出關處也有電信櫃檯)

←轉機者請依指示行走

←搭乘曼谷航空國內線者，都可使用機場內的貴賓室，免費使用網路、餐點

■出境程序

由資訊看板尋找自己班機的登機辦理櫃檯。如需退稅者，可先到退稅辦公室蓋章。

↓

持護照及機票資訊辦理登機及託運行李

↓

持護照及登機證入海關

↓

安全檢查，需拿掉皮帶、金屬物品，拿出手提電腦、相機

↓

依登機門標示前往候機

↓

需退稅者，持蓋好章的退稅單前往退稅櫃檯辦理；曼谷機場大，若想逛免稅商店，盡量往自己的登機門方向走。機場商品較貴，盡量在市區先購齊。

↑入關請到「Passport Control」處，搭乘國內班機請到「Domestic Departure」

↑國內航線轉國際航線，請依照這個標示走

↑需退稅者，辦理登機手續前，先持退稅單到海關處蓋章，入關後辦理現金退稅(退稅資格：在可退稅的商店，每筆消費超過2,000B，出境時總額超過5,000B)

出境泰國注意事項！

從泰國出境的所有遊客都會經過嚴格檢查，包括要脫掉外套、皮帶，拿出手提電腦，身上任何金屬的東西都要先拿下來。

上機不得攜帶超過100ml的液體，而且均須用容器密封，放到塑膠袋中。總共不得超過1,000ml。託運行李限重通常為20公斤。

泰國實用資訊

【入境表格】

บัตรขาเข้า
TM.6 **ARRIVAL CARD** 入境表格　　　　**Thai Immigration Bureau**

โปรดเขียนตัวบรรจง และทำเครื่องหมาย ☒
PLEASE WRITE CLEARLY IN BLOCK LETTERS AND MARK

ชื่อสกุล Family Name	填寫你的英文姓氏 / 按照護照上的拼法
ชื่อตัวและชื่อรอง First Name and Middle Name	填寫你的英文名字 / 按照護照上的拼法

เที่ยวบินหรือพาหนะอื่น
Flight or Other Vehicle No. 班機號碼 / 機票拿出來抄

สัญชาติ Nationality	國籍 / Taiwan　　男 ☐ 男 Male　女 ☐ หญิง Female
เลขที่หนังสือเดินทาง Passport No.	護照號碼　　วัน-เดือน-ปีเกิด Date of Birth　dd 日 / mm 月 / yyyy 西元 出生年 / 月 / 日
ตรวจลงตราเลขที่ Visa No.	簽證號碼
ที่อยู่ในประเทศไทย Address in Thailand	你在泰國的地址，填寫飯店名稱也可以

สำหรับเจ้าหน้าที่ / For official use

ลายมือชื่อ
Signature 簽名

เฉพาะชาวต่างชาติกรุณากรอกข้อมูลอนบัตรทั้ง 2 ด้าน
For non-Thai resident, Please complete on both sides of this card ▶

入境表格背面 เฉพาะชาวต่างชาติ/For non-Thai resident only

PLEASE MARK ☒ 請在框框裡打X　　　　PLEASE COMPLETE IN ENGLISH

Type of flight
☐ Charter　☐ Schedule　**觀光**
包機　　固定航班　　**商務**
First trip to Thailand　　　　**教育**
☐ Yes　☐ No　　　**受雇**
第一次來泰國嗎？
Traveling on group tour
☐ Yes　☐ No
是跟團嗎？
Accommodation 住宿
① Hotel　② Friend's Home
③ Youth Hostel ④ Apartment
⑤ Guest House ⑥ Others
โรงพิมพ์ตำรวจ 2.0.01.07

Purpose of visit 來訪目的
☐ Holiday　☐ Meeting
☐ Business　☐ Incentive
☐ Education　☐ Conventions
☐ Employment　☐ Exhibitions
☐ Transit　☐ Others

轉機

Yearly income 年收入
☐ Under 20,000 US$
☐ 20,000~40,000 US$
☐ 40,001~60,000 US$
☐ 60,001~80,000 US$
☐ 80,001 and over
☐ No income

Occupation
職業 / 請以英文填寫
Country of residence
City/State 城市 / Taipei
Country 國家 / Taiwan
From/Port of embarkation
你從哪裡來 / Taipei
Next city/Port of disembarkation
你要去哪裡 / Bangkok

【出境表格】

บัตรขาออก
TM.6 **DEPARTURE CARD** 出境表格　　　　**Thai Immigration Bureau**

โปรดเขียนตัวบรรจง และทำเครื่องหมาย ☒
PLEASE WRITE CLEARLY IN BLOCK LETTERS AND MARK

เที่ยวบินหรือพาหนะอื่น
Flight or Other Vehicle No. 班機號碼 / 機票拿出來抄

สำหรับเจ้าหน้าที่ / For official use

ชื่อสกุล Family Name	填寫你的英文姓氏 / 請按照護照上填寫
ชื่อตัวและชื่อรอง First Name and Middle Name	填寫你的英文名字 / 請按照護照上拼法填寫
วัน-เดือน-ปีเกิด Date of Birth	dd 日 / mm 月 / yyyy 西元　男 ☐ 男 Male　女 ☐ หญิง Female
สัญชาติ Nationality	國籍 / Taiwan
เลขที่หนังสือเดินทาง Passport No.	護照號碼

ลายมือชื่อ
Signature 簽名

注意：出境表格要收好，離境時海關要收回去。

■退稅程序

旅遊泰國期間，只要在標有退稅標誌「VAT Refund」的商店，購買金額超過2,000B，且出境時消費總額超過5,000B，即可辦理退稅。

購物時向商家索取退稅單，須填寫英文姓名、護照號碼、英文住家地址、聯絡資訊。(旅遊泰國期間須隨身攜帶護照)

↓

抵達機場時，持退稅單、收據、護照、商品到海關處蓋章。

↓

蓋完章後，前往航空公司櫃檯辦理登機手續及託運行李。

↓

入關後，前往退稅公司櫃檯取得現金或退至信用卡。趕時間者，可直接填寫信用卡資料，連同退稅單放入信封，投進櫃檯旁的信箱。

↑須在標有退稅標誌的商家購物才可辦理退稅

■清邁機場交通

清邁機場距離市區僅約20分鐘車程，最方便是搭計程車，為固定價格，前往古城區為180B，尼曼區為200B。可在機場內的櫃檯登記，持單出機場就會有司機來接。抵達後再付費給司機。或搭小巴，每人40B，但需等人數夠才會發車。現也有公車，但班次較少。

機場內的計程車櫃檯登記處

交通
【曼谷←→清邁】
■火車

從曼谷的Hualamphong火車站搭車，需10～12小時。較推薦過夜火車，晚上19:00發車的列車為最新型火車，較為舒適。

■長途巴士

最快捷，且座位舒適，並有發送點心、飲料、毯子。可由曼谷的Mo Chit巴士站搭車到清邁的Arcade巴士站。最推薦Nakhonchai Air(NCA Bus)，是最受好評的長途巴士公司，官網可線上預訂。

【清邁市區交通】
■雙條車

清邁市區巴士較少，最普遍是雙條車(SongThaew)，「Song」是泰文的2，因為這種車是小貨車改裝的，在後車廂放2張板凳，因此稱為「雙條」。

依車身顏色分辨行駛區域：

紅色：市區，車費依距離而定，古城區範圍內20B，從古城到輝凱路的Central是20B，到尼曼區約30～40B，到河濱區為20～40B。

白色：往木雕村TAXITAWAI路線，由北城門外的Chang Phuak車站發車，行經清邁機場、Baan Tawai木雕村及Saraphi，車費為30B。除了雙條車，也有小巴。

黃色：往湄林地區(Mae Rim)，由北城門外的Chang Phuak車站發車，可在Mae Rim District Office(ที่ว่าการอำเภอแม่ริม)下車，車資15B。

泰國實用資訊

北門聯外巴士雙條車站
Chang Phuak

站內的招牌清楚標示目的地

■公車

清邁市政府最近推出白色公車及粉紅色10號公車，連結機場、大學區、尼曼區、古城區。白色公車為10B，粉紅色公車為20B。

■單車

遊逛古城最佳，24小時只要50B，許多民宿旅館也提供免費單車。需注意行駛方向與台灣不同。現也有公設的單車系統，但1小時20B。

■摩托車

適合遊逛大學區、悟孟寺、素帖山區。市區有許多租車處，或請旅館協助，一般是抵押護照或2,000B，務必先確認車況再租。騎車須戴安全帽，並攜帶國際駕照及國內有效駕照原照。

交通規畫實用網站及App：
Rome2rio

市區紅色雙條車這樣搭！

1 攔下紅色雙條車→**2** 詢問司機是否行經你要去的目的地→**3** 上後車廂座位→**4** 抵達時，按鈴請司機停車→**5** 付錢給司機

注意：若不知道何時該下車，可請司機提醒，或是上車後，以手機用Google Map連線定位你的目的地。

抵達目的地，即按鈴下車

■嘟嘟車
私人計程車，一般起跳價60B，搭車前一定要先談好價錢。

■計程車
一律採電話叫車，只喊價、不跳錶，可請旅館代為叫車。費用跟包雙條車差不多，清邁夜間動物園單趟約300B，包車遊寶桑地區約800B。現在Uber也越來越普遍了。

■租車
但若計畫到郊區，可考慮由機場租車出城(機場內就有租車公司)。建議向較有聲譽的租車公司租車，並確認車況、加油方式、還車時的油量、保險事宜。租車時，需攜帶國際駕照、原照、並提供信用卡資料。

■包車
若不想自行開車，可找路上的雙條車，或請旅館聯絡計程車。台灣人開設的JinJinBKK包車在清邁也有合作的司機(會說中文)。

清邁必知禮儀

■泰皇萬萬歲：泰國的皇室家族享有絕高的地位，請尊重隨處可見的泰皇、泰后像。不可在公開場合批評泰國皇室。

■不摸頭、不抬腳：頭對泰國人來講是最神聖的部位，請勿隨意摸頭；用腳指人也是很不禮貌的行為。

■遵守佛教禮節：女性不可摸和尚；進入寺廟要脫鞋，且不可穿無袖、短褲。

■注意榴槤味：榴槤雖然好吃，但氣味濃烈，不可帶進旅館、巴士等密閉空間。

■捐款慣例：大部分寺廟雖然免費參觀，但仍建議捐約20B左右。

泰國資訊筆記
語言：Thai泰文
貨幣：泰銖(THB／B)
國家電話代碼：+66
時差：比台灣時間慢1小時
觀光警察求助電話：1155
(有中文服務)
電源插座：

現多為這種萬國通用插座，台灣插頭並不需轉接頭，但電壓為220V

泰國電信方案

台灣電信可直接在泰國使用，若不想另購當地號碼，出國前可先開通國際漫遊及行動數據網路。但購買當地Sim卡會較划算，主要電信公司True、Dtac、AIS均推出短期無限上網Sim卡，7天無限上網為299B(含100B儲值額)。若旅遊天數超過7天，再加購其他上網方案即可，可到各家電信公司的官網查詢Add-ons加購方案。例如：若100B儲值費還未用完，可直接傳簡訊選擇1天500MB／19B+的方案。只要不看影片，500MB已經很夠用了，旅館大多也提供免費無線網路。

提醒：7天無限上網方案結束當天，要記得傳簡訊選擇新方案，否則會以上網量計費，較貴。

世界主題之旅 76 泰北清邁享受全攻略
（附拜城、清萊、金三角、素可泰）

作　　　者	吳靜雯
攝　　　影	吳靜雯

總　編　輯	張芳玲
發 想 企 劃	taiya旅遊研究室
編輯室主任	張焙宜
企 劃 主 編	張敏慧
主 責 編 輯	張敏慧
特 約 編 輯	林玉如
修 訂 主 編	鄧鈺澐
封 面 設 計	林惠群
美 術 設 計	陳小King、噗噗黑皮
地 圖 繪 製	蔣文欣、涂巧琳
修 訂 美 編	林惠群

太雅出版社
TEL：(02)2882-0755　FAX：(02)2882-1500
E-MAIL：taiya@morningstar.com.tw
郵政信箱：台北市郵政53-1291號信箱
太雅網址：http://www.taiya.morningstar.com.tw
購書網址：http://www.morningstar.com.tw
讀者專線：(04)2359-5819 分機230

發 行 所	太雅出版有限公司
	台北市11167劍潭路13號2樓
	行政院新聞局局版台業字第五〇〇四號

法律顧問	陳思成律師

印　　刷	上好印刷股份有限公司　TEL：(04)2315-0280
裝　　訂	東宏製本有限公司　TEL：(04)2452-2977

三　　版	西元2017年03月10日
定　　價	340元

ISBN 978-986-336-153-4
Published by TAIYA Publishing Co.,Ltd.
Printed in Taiwan

國家圖書館出版品預行編目(CIP)資料

泰北清邁享受全攻略 / 吳靜雯作.攝影. --
三版. -- 臺北市：太雅, 2017.03
　　面；　公分. -- (世界主題之旅；76)
　　ISBN 978-986-336-153-4(平裝)

1.旅遊 2.泰國清邁 3.泰國曼谷

738.29　　　　　105022384

Thank You
因為有你，太雅滿20歲了！

抽獎1

《太雅20週年慶抽獎》
即日起～2017年12月31日為止(郵戳為憑)

2017年5月10日，我們將推出20週年慶的官網，公布所有抽獎獎品。獎品郵寄區域限定台灣本島。填寫住址時，請留意此規定。

《太雅好書抽獎》 即日起～2018年6月30日

抽獎2

每單數月，抽出10名幸運讀者，得獎名單在該月10號公布於太雅部落格和太雅愛看書粉絲團。本活動需寄回回函參加抽獎(影印與傳真無效)。

以下3組贈書隨機挑選1組：

放眼設計系列2本 (隨機)   **歐洲手工藝教學系列2本** (隨機)   **黑色喜劇小說2本**

《抽獎讀者的個人資料》

這次購買的書名是：**泰北清邁享受全攻略** (世界主題之旅 76)

* 01 姓名：_____ 性別：□男 □女 生日：民國_____ 年

* 02 手機(或市話)：_____

* 03 E-Mail：_____

* 04 地址：□□□□□ _____

* 05 你是否已經帶著本書去旅行了？請分享你的使用心得。

_____
_____
_____

提醒：以上每項資料均需清楚填寫，我們必須通知你20週年慶抽獎贈品的品項，及抽獎結果公告，若是你抽到獎品，但是以上資料填寫不實或不全，導致獎品無法寄送時，我們會自動補遞其他人。

提醒：本問卷除了參加抽獎外，你還會收到最新太雅出版消息和晨星網路書店電子報。

黏貼裝訂處(請勿使用釘書針)

(請沿此虛線壓摺)

廣　告　回　信
台灣北區郵政管理局登記證
北 台 字 第 12896號
免　貼　郵　票

太雅出版社　編輯部收

台北郵政53-1291號信箱
電話：(02)2882-0755
傳真：(02)2882-1500

(若用傳真回覆，請先放大影印再傳真，但傳真無法參加抽獎)

(請沿此虛線壓摺)

太雅

有 行 動 力 的 旅 行 ， 從 太 雅 出 版 社 開 始

太雅出版部落格
taiya.morningstar.com.tw

太雅愛看書粉絲團
www.facebook.com/taiyafans

旅遊書王(太雅旅遊全書目)
goo.gl/m4B3Sy

(請沿此虛線裁剪)